Paramahansa Yogananda
(1893.-1952.)

RIJEČI MUDROSTI

PARAMAHANSE YOGANANDE

O OVOJ KNJIZI: Self-Realization Fellowship prvi put je objavio ovu zbirku savjeta, zgoda i mudrih riječi Paramahanse Yoganande 1952. godine, ubrzo nakon Učiteljeve smrti, pod naslovom *The Master Said*. Tekstove za knjigu prikupili su i napisali članovi-redovnici Self-Realization Fellowshipa, reda koji je osnovao sâm Yogananda. Knjiga se objavljuje dulje od sedamdeset godina. Zahvalni smo mnogim učenicima koji su podijelili dragocjena sjećanja na osobne susrete, iskustva i razgovore sa Sri Yoganandom.

Naslov izvornika u engleskom izdanju
Self-Realization Fellowship, Los Angeles (Kalifornija):
Sayings of Paramahansa Yogananda

ISBN: 978-0-87612-115-3

Prijevod na hrvatski osigurao: Self-Realization Fellowship

Copyright © 2022 Self-Realization Fellowship

Sva prava pridržana. Osim kratkih navoda u recenzijama knjiga niti jedan dio knjige *Riječi mudrosti Paramahanse Yoganande (Sayings of Paramahansa Yogananda)* ne smije se reproducirati, pohranjivati, prebacivati ili prikazivati u bilo kojem obliku (elektroničkom, mehaničkom ili nekom drugom) sada dostupnom ili kasnije izumljenom – uključujući: fotokopiranje, snimanje i bilo koji sustav za pohranu i pristup – bez prethodnoga pisanog dopuštenja Self-Realization Fellowshipa, 3880 San Rafael Avenue, Los Angeles, California 90065-3219, U.S.A.

 Odobrilo Međunarodno izdavačko vijeće *Self-Realization Fellowshipa*

Ime i zaštitni znak (prikazan) *Self-Realization Fellowship* pojavljuje se na svim knjigama, zvučnim i videozapisima te ostalim izdanjima SRF-a, što čitatelju jamči da je dano djelo izdalo društvo koje je osnovao Paramahansa Yogananda i da kao takvo vjerno prenosi njegova učenja.

Prvo hrvatsko izdanje 2022.
First edition in Croatian, 2022
Tisak dovršen 2022.
This printing 2022

ISBN: 978-1-68568-061-9

1181-J07556

SADRŽAJ

Predgovor x
Riječi mudrosti Paramahanse Yogananande 3
O autoru 134
Paramahansa Yogananda: jogi u životu i smrti 136
Dodatni izvori učenja Paramahanse Yogananande o tehnikama Kriya joge 138
Lekcije Self-Realization Fellowshipa 139
Ciljevi i ideali Udruge Self-Realization Fellowship 140
Rječnik pojmova 148

ILUSTRACIJE

Paramahansa Yogananda: *nasuprot stranice* iii

Na godišnjem sastanku Self-Realization Fellowshipa,
Beverly Hills, Kalifornija,1949. 23

U meditaciji, Dihika, Indija, 1935. 35

Ispred hrama Self-Realization Fellowshipa,
San Diego, Kalifornija, 1949. 48

Sa zamjenikom guvernera Kalifornije Goodwinom J. Knightom tijekom posvećenja India Halla SRF-a, Hollywood, Kalifornija, 1951...............62

S Udayem i Amalom Shankar u ašramu Self-Realization Fellowshipa,
Encinitas, Kalifornija, 1950. 62

Govor na Lake Shrineu Self-Realization Fellowshipa,
Pacific Palisades, Kalifornija, 1950..79

Ostalo:

Međunarodna središnjica Self-Realization Fellowshipa,
Los Angeles, Kalifornija...94

DUHOVNO NASLIJEĐE PARAMAHANSE YOGANANDE

Paramahansa Yogananda osnovao je 1920. Self-Realization Fellowship* s namjerom promicanja njegovih učenja diljem svijeta kako bi ih očuvao u cjelovitom i neizmjenjenom obliku za nadolazeće naraštaje. Započeo je s pisanjem i držanjem predavanja već ranih godina nakon svog dolaska u Ameriku. Tako je stvorio bogat opus djela o jogi kao znanosti meditacije, umijeću uravnoteženog života, a posebno je isticao osnovno jedinstvo svih svjetskih religija. Njegova jedinstvena i dalekosežna duhovna ostavština nastavlja nadahnjivati milijune ljudi u potrazi za istinom diljem svijeta.

Self–Realization Fellowship, sukladno izričitoj želji velikog duhovnog učitelja, i dalje neumorno radi

---

* U prijevodu: „Udruga samoostvarenja". Paramahansa Yogananda objasnio je kako naziv *Self-Realization Fellowship* označava: udrugu, tj. povezanost s Bogom putem samoostvarenja, u prijateljstvu sa svim dušama koje su u potrazi za istinom. Vidjeti u rječniku pojmova i pod: *Ciljevi i ideali udruge Self-Realization Fellowship*.

na objavljivanju i novim izdanjima *Sabranih djela Paramahanse Yoganande*. Ovdje su uključena ne samo posljednja izdanja knjiga objavljenih još za njegova života, već i mnogi novi naslovi - djela koja su bila ostala neobjavljena u vrijeme njegove smrti 1952., ili su izlazila u nastavcima tijekom godina u nepotpunom obliku u časopisu Self-Realization. Ovdje valja ubrojiti i stotine duboko nadahnutih predavanja i neformalnih izlaganja koja su bila zabilježena, ali ne i objavljena za njegova života.

Paramahansa Yogananda je osobno odabrao svoje bliske učenike na čelu Izdavačkog vijeća Self-Realization Fellowshipa dajući im posebne naputke u vezi s pripremom i objavljivanjem svojih učenja. Članovi Izdavačkog vijeća Self-Realization Fellowshipa (redovnici i redovnice koji su se doživotno zavjetovali da će slijediti put odricanja i nesebičnog služenja) s dubokim poštovanjem i pažnjom slijede te naputke kako bi univerzalna poruka ovoga voljenog svjetskog učitelja nastavila živjeti u svojoj punoj snazi i izvornosti.

Ime *Self-Realization Fellowship* i SRF-ov zaštitni znak (prikazan na stranici) osmislio je Paramahansa Yogananda kako bi jasno označavali organizaciju koju je on osnovao u svrhu duhovnog i humanitarnog rada diljem svijeta. To ime i simbol pojavljuju se na svim knjigama, audio i video izdanjima Self-Realization Fellowshipa kao i na ostalim publikacijama, što čitatelju jamči da pred sobom ima originalno djelo poteklo od organizacije koju je utemeljio sâm Paramahansa Yogananda i koje vjerno prenosi njegova učenja na način kako je on to zamislio.

— Self-Realization Fellowship

PREDGOVOR

Koga možemo s pravom zvati duhovnim učiteljem? Taj naziv zasigurno ne zavrjeđuje neka prosječna osoba. Rijetko se na Zemlji pojavi netko iz toga svetog društva na kojeg se mogu primijeniti riječi duhovnoga učitelja iz Galileje: „Zaista, zaista, kažem vam, tko vjeruje u me (Kristovu svijest), i on će činiti djela koja ja činim."*
Ljudi postaju učitelji discipliniranjem nižeg jastva ili ega, odbacivanjem svih želja osim jedne – želje za Bogom, predanošću Njemu iz dubine srca te dubokom meditacijom ili zajedništvom duše s univerzalnim Duhom. Samo onaj čija je svijest čvrsto utemeljena u Bogu, jedinoj Stvarnosti, može se s pravom zvati duhovnim učiteljem.

Za Paramahansu Yoganandu, duhovnog učitelja čije su riječi s mnogo ljubavi zabilježene na stranicama ove knjige, može se s pravom reći da je bio svjetski učitelj. Naglašavajući bitne poveznice u svetim spisima svih tradicija, on je neumorno radio na trajnom duhovnom

* Iv 14:12

Riječi mudrosti Paramahanse Yoganande

povezivanju i isticanju temeljnog jedinstva Istoka i Zapada. Njegov život i knjige koje je napisao zapalile su božansku iskru ljubavi prema Bogu u srcima mnogih ljudi. On je sâm živio prema najuzvišenijim načelima vjerskoga života, a istodobno je naglašavao kako su mu jednako dragi svi poklonici božanskoga Oca bez obzira na to kojoj vjeri pripadaju. Pohađanje fakulteta u njegovoj rodnoj Indiji i mnoge godine duhovnoga kaljenja pod spartanskom disciplinom njegova gurua (duhovnog učitelja) Svamija Sri Yukteswara itekako su ga dobro pripremili za njegovo poslanje na Zapadu. U Boston je stigao 1920. kao indijski izaslanik na Međunarodnom kongresu vjerskih liberala da bi u Americi ostao više od trideset godina (osim posjeta Indiji u razdoblju: 1935.-36.).

Njegovu težnju da u drugima pobudi želju za izravnim i osobnim pronalaženjem Boga pratio je izvanredan uspjeh. U stotinama gradova njegove tečajeve joge* pohađao je rekordan broj ljudi. On osobno inicirao je u jogu 100.000 studenata!

Učitelj je za poklonike koji su se odlučili na redovnički život osnovao više Self-Realization Fellowship ašrama u jugoistočnoj Kaliforniji. U svojoj potrazi za istinom oni u tim centrima uče, rade i izvode tehnike meditacije

---

* Vidi u rječniku

putem kojih smiruju um i bude duhovnu svijest.

Sljedeća zgoda iz Učiteljeva života u Americi dobro oslikava ljubav i razumijevanje na koje je nailazio kod ljudi koji su stvarno posjedovali duhovni uvid:

Tijekom svojih putovanja po Americi na kojima je držao predavanja o jogi, on se jednoga dana našao u posjetu kršćanskom samostanu. Tamošnji redovnici dočekali su ga s određenom zadrškom i nelagodom zbog njegove tamne puti, duge crne kose i narančaste redovničke halje koja je zaštitni znak pripadnika Reda svamija*. Smatrajući ga poganinom, već su odlučili da mu uskrate prijam kod nadstojnika samostana. Baš u tom trenutku taj je dobri čovjek ušao u sobu. Ozarena lica i raširenih ruku prišao je Paramahansajiju† i zagrlio ga uz riječi: „Evo Božjega čovjeka! Tako sam sretan što ste došli."

Ova nam knjiga daje uvid u mnoge strane Učiteljeve naravi o kojoj, iz vlastita iskustva govore oni koji su ga susreli i razgovarali s njim. Iz svih tih svjedočenja jasno je kako je riječ o osobi iz koje zrače iskreno suosjećanje, veliko razumijevanje za čovjeka te bezgranična ljubav prema Bogu.

---

* Vidi u rječniku.
† Vidjeti značenje nastavka „ji" u rječniku.

Self-Realization Fellowship, društvo koje je osnovao Paramahansa Yogananda u svrhu širenja i promicanja svih njegovih učenja i knjiga, ima iznimnu čast i svetu obvezu objaviti ovu zbirku mudrih Učiteljevih riječi. Knjiga je posvećena studentima Self-Realization Fellowshipa iz cijelog svijeta kao i svima onima koji su u potrazi za istinom.

RIJEČI MUDROSTI
PARAMAHANSE YOGANANDE

RIJEČI MUDROSTI
PARAMAHANSE YOGANANDE

„Gospodine, što moram učiniti da bih pronašao Boga?", upitao je student. Učitelj je odgovorio:

„Iskoristi svaki slobodni trenutak da umom uroniš u beskonačnu misao o Njemu. S puno povjerenja razgovaraj s Njim; On ti je najbliži od svih koji su ti bliski, najdraži od svih tebi dragih. Voli Ga onako kako škrtac voli novac, kako strastveni muškarac ljubi svoju dragu, kako utopljenik žudi za zrakom. Kada budeš s takvim žarom čeznuo za Njim, On će ti doći."

❖ ❖ ❖

Student se požalio Učitelju kako ne može pronaći posao. Guru* mu je rekao:

„Ne razmišljaj negativno. Ti si dio svemira i kao

---

* Vidi u rječniku.

takav imaš bitno mjesto u njemu. Ako je potrebno, prodrmaj cijeli svijet kako bi pronašao posao! Ne odustaj i uspjet ćeš."

❖ ❖ ❖

„Kad bih samo imao vjere, Učitelju!", rekao je čovjek. Paramahansaji mu je odgovorio:
„Vjera mora biti njegovana ili, bolje rečeno, ponovno otkrivena u nama. Ona postoji, samo je treba osvijestiti. Promotriš li svoj život, vidjet ćeš da Bog na bezbroj načina djeluje u njemu; to je način na koji možeš osnažiti vjeru. Samo malobrojni tragaju za Njegovom skrivenom rukom. Većina ono što im se događa smatra prirodnim i neizbježnim. Oni ne znaju kakve je drastične promjene moguće postići molitvom!"

❖ ❖ ❖

Jedna bi se učenica osjećala uvrijeđenom kad god bi se spomenule njezine pogreške. Paramahansaji ju je jednoga dana upitao:
„Zašto se buniš kada te se pokušava ispraviti? Zar ja nisam ovdje upravo radi toga? Moj me je guru često znao koriti pred drugima. Nisam mu nikada zamjerio niti sam se ljutio jer sam znao da on na taj način samo želi

ukloniti moje neznanje. Zato danas nisam uopće osjetljiv na kritike; u meni više nema bolnih točaka zbog kojih bih odmah reagirao.

To je razlog zašto te ja otvoreno upozoravam na tvoje nedostatke. Ako ne izliječiš osjetljive rane u svojemu umu, trznut ćeš se svaki put kada ih netko dodirne."

❖ ❖ ❖

Učitelj je rekao skupini učenika:

„Gospod nam je omogućio ovaj posjet Zemlji, no većina nas ponaša se poput nezahvalnih gostiju i počinjemo smatrati da nam određene stvari odavde pripadaju. Zaboravljamo da je naš boravak ovdje privremen pa stvaramo različite vezanosti i govorimo: *moja* kuća, *moj* posao, *moj* novac, *moja* obitelj.

No jednom kada nam istekne viza za boravak na Zemlji, sve te naše vezanosti nestaju. Prisiljeni smo ostaviti sve ono za što smo mislili da nam pripada. Bog je naš vječni Rođak i Jedini koji nas prati posvuda.

Shvatite SADA, vi ste duša, a ne tijelo. Ne čekajte da vas tomu smrt grubo pouči."

❖ ❖ ❖

Učitelj je s razlogom ukorio učenika zbog ozbiljne pogreške. Kasnije je uz uzdah rekao:

„Želim utjecati na druge isključivo ljubavlju. Jednostavno protrnem kada sam prisiljen poučavati na drukčiji način."

❖ ❖ ❖

Neki se arogantni intelektualac upustio u raspravu o složenim filozofskim pitanjima s namjerom da zbuni Učitelja. Paramahansaji je uz osmijeh rekao: „Istina se nikada ne boji pitanja."

❖ ❖ ❖

„Previše sam se zapleo u mrežu svojih pogrešaka da bih mogao duhovno napredovati.", student se s tugom požalio Paramahansajiju: „Moje su loše navike toliko jake da sam posve iscrpljen nastojanjima da ih se riješim."

„Misliš li da ćeš sutra biti sposobniji uhvatiti se ukoštac s njima?", upitao ga je Učitelj.

„Zašto se opterećivati dosadašnjim pogreškama? Jednoga dana ionako se moraš okrenuti Bogu. Nije li onda bolje učiniti to upravo sada? Jednostavno Mu se prepusti riječima: 'Gospode, bio ja dobar ili loš, ipak sam ja Tvoje dijete. Ti se moraš brinuti o meni.' Ako se nastaviš truditi, popravit ćeš se. Svetac je grešnik koji nije nikada odustao."

❖ ❖ ❖

„Ljudi se okreću zlu zbog nedostatka unutarnje radosti.", rekao je Učitelj. „Kada meditiramo o Bogu blaženstva, to nas prožima dobrotom."

❖ ❖ ❖

„Tijelo, um i duša međusobno su povezani.", rekao je Učitelj. „Vaša je obveza prema tijelu – održavati ga u dobroj kondiciji; vaša je dužnost prema umu – razvijati njegove moći, a vaša je dužnost prema duši – svakodnevna meditacija o Izvoru bića. Ispunjavate li svoju obvezu prema duši, od toga će imati koristi i tijelo i um; zanemarujete li dušu, od toga pate i tijelo i um."

❖ ❖ ❖

„Sve u Kreaciji ima svoju osobnost.", rekao je Učitelj. „Gospod se nikada ne ponavlja. Prema tome, u čovjekovoj potrazi za Božanskim postoji nebrojena raznolikost u pristupu i izražavanju. Romansa između svakog poklonika i Boga jedinstvena je."

❖ ❖ ❖

„Pomaže li Vaše poučavanje studentima da pronađu mir?", zanimao se posjetitelj. Paramahansaji je odgovorio:
„Da, ali to nije najbitnija pouka. Najbitnija je – biti u miru s Bogom."

❖ ❖ ❖

Čovjek koji je posjetio duhovnu školu izrazio je sumnju u čovjekovu besmrtnost. Učitelj je rekao:
„Pokušaj shvatiti da si božanski putnik. Ovdje boraviš kratko, a zatim krećeš u jedan sasvim drukčiji i očaravajući svijet.* Ne ograničavaj misao samo na ovaj kratki život na ovoj malenoj Zemlji. Sjeti se, u tebi prebiva neograničenost Duha."

❖ ❖ ❖

„Čovjek i priroda neraskidivo su povezani zajedničkom sudbinom.", rekao je Učitelj. „Sile prirode zajedno rade za dobrobit čovjeka – sunce, zemlja, vjetar, kiša – svi oni omogućavaju čovjeku dobivanje hrane. Čovjek upravlja prirodom premda toga najčešće nije

---

* Vidi *astralni svjetovi* u rječniku.

svjestan. Poplave, razorne oluje, potresi i druge prirodne nepogode rezultat su pogrešnih i loših misli velikoga broja ljudi. Svaki cvijet pokraj staze utjelovljenje je nečijeg osmjeha, a svaki ubod komarca izraz nečijega oštrog jezika.

Sve dok je gospodar stvaranja uspavan, njegova sluškinja Priroda otima se kontroli i buni se. Kako postaje duhovno budniji, to mu je lakše nadzirati prirodu."

❖ ❖ ❖

„Ulijemo li mlijeko u vodu, ono se s miješa s njom, ali maslac, nastao obiranjem mlijeka, ostaje plutati na vodi.", rekao je Učitelj. „Slično tomu, um običnog čovjeka poput mlijeka se brzo razvodni pod utjecajem privida.[*] Čovjek koji posjeduje samodisciplinu i duhovnost obire mlijeko svojega uma i pretvara ga u maslac božanske postojanosti. Takav čovjek riješio se zemaljskih želja i vezanosti i sposoban je smireno plutati vodama života dok su mu misli uvijek usmjerene na Boga."

❖ ❖ ❖

[*] Vidi *maya* u rječniku.

Nakon što se učenica razboljela Paramahansaji joj je savjetovao da ode k liječniku. Jedan ga je učenik upitao: „Učitelju, zašto je Vi niste izliječili?"

„Oni koji posjeduju od Boga danu moć iscjeljenja koriste je samo kada im On tako naredi.", odgovorio je Guru. „Gospod zna kako je katkad za Njegovu djecu nužno da prođu kroz patnju. Ljudi koji očekuju božansko izlječenje moraju biti spremni živjeti u skladu s Božjim pravilima. Trajno izlječenje je nemoguće ako osoba nastavlja činiti iste pogreške i time priziva povratak bolesti.

Do pravog ozdravljenja dolazi se samo duhovnim razumijevanjem.", nastavio je. „Čovjekovo nepoznavanje vlastite istinske prirode ili duše temeljni je uzrok svim fizičkim, materijalnim i duševnim patnjama."

❖ ❖ ❖

„Gospodine, čini se da nimalo ne napredujem u meditacijama jer niti što čujem niti što vidim", rekao je student.

„Traži Boga isključivo zbog Njega samog. Najuzvišeniji i najbolji osjećaj je kada Ga osjetiš u meditaciji kao blaženstvo koje izvire iz beskonačnih dubina tvoje duše. Nemoj čeznuti za viđenjima, duhovnim pojavama ili uzbudljivim doživljajima. Put prema Bogu nije cirkus!"

❖ ❖ ❖

„Čitav je svemir sazdan od Duha.", rekao je Učitelj skupini učenika. „Zvijezda, stijena, drvo i čovjek svi su oni sastavljeni od jedne Tvari, Boga. Kako bi omogućio postojanje svijeta u svoj njegovoj raznovrsnosti, Gospod je morao svemu stvorenom usaditi *dojam prividne* individualnosti.

Ova zemaljska predstava brzo bi nam dosadila kada bismo lako proniknuli u to kako samo jedna Osoba uprizoruje cijelu predstavu: piše scenarij, izrađuje kulise, bira glumce, igra sve uloge. Ali 'Predstava se mora nastaviti!', zato se glavni Dramaturg iskazao i po čitavom svemiru pokazao neopisivu domišljatost i neiscrpnu raznovrsnost. Uspio je prikazati nestvarno kao naoko stvarno."

„Učitelju, zašto se predstava mora nastaviti?", upitao je jedan učenik.

„Sve to je Božja zabava ili razonoda koja se naziva *lila*", odgovorio je Guru. „Njegovo je pravo da ako to želi, Sebe prikazuje u mnoštvu oblika. U svemu tome je ključni trenutak da čovjek uspije prozreti Njegovu varku. Da se Bog nije sakrio iza velova *maye*, sva ova kozmička igra zvana Život ne bi bila moguća. Nama je, dakle, dana prilika da se s Njim igramo skrivača i da Ga u toj igri pokušamo pronaći, a ta duboka spoznaja, taj „Pik, spas za mene!" je velika Nagrada koju moramo osvojiti."

❖ ❖ ❖

Učitelj je rekao skupini učenika:
„Znam da i kada ništa ne bih imao, ipak bih se mogao pouzdati u vas, moje prijatelje, koji bi sve učinili za mene. Isto tako, vi znate da sam vam ja prijatelj koji će vam pomoći na svaki način. Mi jedni u drugima vidimo Boga. To je najdivniji mogući odnos među ljudima."

❖ ❖ ❖

Učitelj je obično inzistirao da oko njega vlada tišina. To je objašnjavao ovako: „Iz dubina tišine uzdiže se gejzir Božjega blaženstva koji nepogrešivo preplavljuje cijelo čovjekovo biće."

❖ ❖ ❖

Učenicima je bila čast biti na usluzi Guruu koji je tako neumorno radio za njihovu dobrobit. Skupini poklonika koja je upravo bila obavila jedan posao za njega Učitelj je rekao:

„Vi ste svi tako ljubazni prema meni i iskazujete mi toliku pažnju."

„Oh ne! Vi ste, Učitelju, taj koji je pažljiv prema nama.", rekao je jedan učenik sav uzbuđen.

„Bog pomaže Bogu.", rekao je Paramahansaji sa sjajnim osmijehom na licu. „U tome i jest 'zaplet' ove drame zvane ljudski život."

❖ ❖ ❖

„Odreći se svih želja, riješiti se ega… Učitelju, sve to mi zvuči vrlo negativno.", iznio je svoje mišljenje jedan student. „Odreknem li se toliko toga, što će mi uopće ostati?"

„U stvari, sve, jer ćeš dobiti bogatstvo u Duhu, univerzalnoj Tvari.", odgovorio je Učitelj. „Više nećeš biti zbunjeni prosjak kojemu su dovoljni korica kruha i nekoliko tjelesnih užitaka. Umjesto toga, ponovno ćeš zauzeti svoje počasno mjesto kao sin beskonačnoga Oca. To nikako nije negativno stanje!"

Još je dodao: „Odricanje od ega omogućava našem istinskom Jastvu da u punom sjaju dođe do izražaja. Nemoguće je opisati stanje božanske Spoznaje jer se s njom ništa ne da usporediti."

❖ ❖ ❖

Objašnjavajući pojam *Trojstva* skupini učenika, Učitelj je upotrijebio ovu prispodobu:

„Može se reći da je Bog Otac, koji obitava izvan prostora vibracije, u području nepojmljivom ljudskom umu, Kapital koji 'podupire' stvaranje. Sin, ili inteligentna Kristova Svijest koja prožima cijeli svemir, je Uprava. Duh Sveti, ili nevidljiva božanska vibrantna snaga iz koje nastaju svi oblici u svemiru, je Radnik."*

❖ ❖ ❖

„Učitelju, Vi nas učite da ne trebamo molitvu koristiti za dobivanje određenih stvari, već da njome izrazimo svoju želju da nam se Bog otkrije i javi. Zar Ga nikada ne smijemo zamoliti da nam ispuni neku potrebu?", upitao je učenik.

„Nije pogrešno reći Gospodu da nešto želimo,", odgovorio je Paramahansaji: „no naša istinski duboka vjera pokazuje se ako jednostavno kažemo: 'Nebeski Oče, Ti najbolje znaš što mi je potrebno. Stoga, podaj mi ono što je volja Tvoja.'

Ako čovjek, na primjer, jako želi imati auto i moli se za to s dovoljno žara, on će ga i dobiti. No posjedovanje

---

* Vidi *Sat-Tat-Aum* u rječniku.

auta možda i nije ono što tom čovjeku najviše treba. Katkad nam Gospod ne usliši svaku našu malu molbu jer ima na umu neki bolji dar za nas." Još je dodao: „Imajte više vjere u Boga. Vjerujte kako će Onaj koji vas je stvorio svakako voditi računa o vama."

❖ ❖ ❖

Jedan je učenik nakon što je, prema njegovu mišljenju, doživio neuspjeh na teškom duhovnom ispitu, korio samog sebe ružnim riječima. Učitelj je rekao:
„Ne misli o sebi kao o grešniku. Takvo stajalište predstavlja oskvrnuće božanskoga Lika koji je u tebi. Zašto se poistovjećuješ sa svojim slabostima? Umjesto toga, izreci afirmaciju istine koja glasi: '*Ja sam Božje dijete.*' Ovako Mu se moli: 'Nevaljao ili dobar, ja sam Tvoje vlastito. Nebeski Oče, probudi ponovno u meni sjećanje na Tebe!"

❖ ❖ ❖

„Često mislim da je Bog zaboravio čovjeka.", bilo je mišljenje jednog posjetitelja Duhovne škole u Encinitasu.[*] „Nema sumnje da se Bog drži po strani."

---

[*] Encinitas je obalni gradić u južnoj Kaliforniji. U njemu se nalazi *SRF Ashram Center* koji je Yoganandaji osnovao 1937.

„Čovjek je taj koji se drži po strani.", bio je Učiteljev odgovor. „Tko uopće traži Boga? Unutarnji hramovi većine ljudi ispunjeni su idolima nemirnih misli i sebičnih želja; na Gospoda se nitko i ne osvrće. Usprkos tome, On nam, s vremena na vrijeme, šalje Svoje prosvijetljene sinove kako bi podsjetili čovjeka na njegovo božansko podrijetlo.

Bog nas se nikada ne odriče. On na svaki način pomaže Svojoj voljenoj djeci i omogućava im brži duhovni napredak."

❖ ❖ ❖

Mladom pokloniku koji je došao po savjet Učitelj je rekao:

„Svijet je onaj koji u tebi stvara loše navike, ali taj isti svijet neće biti odgovoran za tvoje pogreške proizašle iz tih navika. Zašto onda cijelo svoje vrijeme posvećivati takvom lažnom prijatelju kao što je svijet? Svaki dan odvoji jedan sat za znanstveno istraživanje duše. Ne zaslužuje li Gospod – On koji ti je dao život, tvoju obitelj, tvoj novac i sve ostalo – barem jednu dvadesetčetvrtinu tvojega vremena?"

❖ ❖ ❖

„Gospodine, zašto neki ljudi ismijavaju svece?", upitao je jedan učenik. Učitelj je odgovorio:

„Zlobnici mrze istinu, a svjetovni ljudi zadovoljavaju se životnim usponima i padovima. Ni jedni ni drugi ne žele se promijeniti, stoga ih pomisao na sveca ispunjava nelagodom. Može ih se usporediti s čovjekom koji je mnoge godine proveo u sobi bez svjetla. Zatim netko dođe i upali žarulju. Tom napola slijepom čovjeku ta će jaka svjetlost izgledati neprirodnom."

❖ ❖ ❖

Govoreći jednom prilikom o rasnim predrasudama, Učitelj je rekao: „Bogu nije drago da Ga se vrijeđa kada odijeva Svoja tamna odijela."

❖ ❖ ❖

„Ne trebaju nas plašiti noćne more bola niti trebamo biti prekomjerno uzbuđeni snovima lijepih iskustava", rekao je Učitelj. „Ako se vežemo uz te neizbježne dvojnosti ili 'parove suprotnosti' koji su posljedica *maye*, gubimo iz vida Boga, Onoga koji je nepromjenljivo utočište Blaženstva. Kada se probudimo u Njemu, shvatit ćemo da je ovaj život na Zemlji samo slika nastala igrom svjetla i sjene na platnu kozmičkoga kina."

❖ ❖ ❖

„Premda se trudim umiriti um, nikako mi ne uspijeva riješiti se nemirnih misli i ući u područje unutarnjeg mira.", napomenuo je jedan posjetitelj. „Vjerojatno mi nedostaje predanosti."

„Puko sjedenje u tišini i nastojanje da se osjeti predanost često ne vodi nikamo.", rekao je Učitelj. „To je razlog zašto ja naučavam znanstvene tehnike meditacije. Ako ih budeš redovito izvodio, uspjet ćeš odvojiti um od osjetilnih smetnji te stalnih naleta misli."

Učitelj je rekao i ovo: „*Kriya joga** uzdiže čovjekovu svijest na višu razinu; osjećaj predanosti prema beskonačnom Duhu tada se prirodno javlja u čovjekovu srcu."

❖ ❖ ❖

Sri Yoganandaji je ovako opisao stanje „nedjelovanja" koje se spominje u Bhagavad-Giti:[†]

„Djelovanje istinskog jogija je poput pisanja po površini vode. Ne ostavlja nikakav trag."[‡]

---

[*] Vidi u rječniku.
[†] Vidi u rječniku.
[‡] To jest, ne ostaje nikakav trag karme. Samo je ostvareni duhovni učitelj stvarno slobodan - onaj na kojega karma nema utjecaja

❖ ❖ ❖

Jednom je studentu bilo teško zamisliti kako Bog boravi u tijelu čovjeka. Učitelj je na to rekao:
„Baš kao što ugljen isijava crvenu boju otkrivajući prisutnost vatre, tako nam i začuđujući ustroj ljudskog tijela otkriva prisutnost Duha koji je u pozadini svega."

❖ ❖ ❖

„Neki ljudi misle kako poklonik ne može postati svetac ako ne proživi velike muke i kušnje. Drugi pak smatraju da čovjek koji je postigao spoznaju Boga mora biti oslobođen bilo kakvog oblika patnje.", rekao je Učitelj na jednom predavanju.

„Život svakog u Bogu ostvarenog učitelja slijedi neko njemu svojstveno pravilo. Sveti Franjo patio je od mnogih bolesti, potpuno oslobođeni Krist dopustio je da bude razapet. Drugi duhovni velikani poput Sv. Tome

---

(karma je neumoljivi kozmički zakon koji prisiljava neprosvijetljene osobe da budu odgovorne za svoje misli i djela). Potičući Arjunu da se uključi u bitku, Gospod Krišna ga je uvjerio kako to neće imati utjecaja na njegovu karmu bude li djelovao u službi Boga, dakle bez egoistične svijesti.

Akvinskog i Lahirija Mahasaye* nisu za života doživjeli nikakve dramatične niti tragične stvari.

Sveci postižu konačno spasenje u sasvim različitim okolnostima. Istinski mudraci pokazuju nam da su, bez obzira na vanjske okolnosti, sposobni odražavati božansku Sliku koja je u njima. Pritom oni igraju svaku ulogu koju im Bog dodijeli bez obzira slaže li se ona s uobičajenim javnim mišljenjem."

❖ ❖ ❖

Jedan mladi član duhovne škole volio je smišljati razne, često neslane šale i psine. Za njega je život bio neprestano zbijanje šala. Njegova je veselost, premda katkad dobrodošla, povremeno znala ometati ostale poklonike u njihovim iskrenim nastojanjima da postojano usmjere svoje misli na Boga. Paramahansaji ga je jednog dana blago ukorio.

„Trebao bi naučiti biti malo ozbiljniji.", rekao mu je.

„Da, Učitelju."„ odgovorio je učenik iskreno žaleći zbog svoje nestašnosti. „Ali moja je navika tako jaka! Kako se mogu promijeniti bez Vašega blagoslova?"

Na to mu je Guru vrlo ozbiljno rekao:

---

* Vidi u rječniku.

„Imaš moj blagoslov. Imaš i Božji blagoslov. Jedino se još čeka tvoj vlastiti blagoslov!"

❖ ❖ ❖

„Bog ima razumijevanja za vas i onda kada vas svi drugi ne shvaćaju.", rekao je Učitelj. „On je vaš Voljeni kojemu ste vi uvijek u srcu bez obzira na vaše pogreške. Drugi vam iskazuju svoju naklonost tek nakratko, a zatim vas ostavljaju, ali On vas nikada ne ostavlja.

Bog na bezbroj načina svakodnevno traži vašu ljubav. Pritom, nije On taj koji vas kažnjava zbog toga što Ga odbijate, vi sami sebe kažnjavate. Vi uviđate da 'Sve stvari iznevjeruju tebe koji iznevjeruješ Mene.'"[*]

❖ ❖ ❖

„Gospodine, odobravate li Vi crkveno bogoslužje?", zanimalo je učenika. „Vjerski obredi mogu pomoći čovjeku u nastojanju da razmišlja o Bogu, svojemu beskonačnom Stvoritelju. No ako je naglasak na obredu, tada svi zaboravljaju koja mu je stvarna namjena."

❖ ❖ ❖

---

[*] Francis Thompson: „*The Hound of Heaven*".

„Što je Bog?" upitao je jedan učenik.

„Bog je vječno Blaženstvo.", odgovorio je Učitelj. „Njegovo je Biće ljubav, mudrost i radost. On je istodobno i neosoban i osoban te se očituje u onom obliku koji Mu odgovara. Svojim svecima On se prikazuje u obličju koje je njima blisko: kršćanin vidi Krista, hinduist vidi Krišnu* ili božansku Majku* i tako dalje. Poklonici koji Boga štuju u neosobnom obliku u svojoj svijesti Gospoda doživljavaju kao beskonačno Svjetlo ili kao začudni zvuk *Aum**, koji je prvotna Riječ, ili Duh Sveti. Najviši oblik iskustva Boga jest onaj u kojemu se osjeća Blaženstvo koje u potpunosti obuhvaća sve ostale doživljaje Božanskog – ljubav, mudrost, besmrtnost.

No kako vam mogu riječima prenijeti prirodu Boga? On je neizreciv, neopisiv. Jedino ćete u dubokoj meditaciji moći spoznati Njegovu jedinstvenu bit."

❖ ❖ ❖

Nakon razgovora s jednim egoističnim posjetiteljem Učitelj je dao ovaj komentar:

„Kišne kapi božje Milosti ne mogu se zadržati na vrhuncima ponosa, ali s lakoćom teku dolinama poniznosti."

---

* Vidi u rječniku.

Paramahansa Yogananda na neslužbenom druženju s prijateljima i članovima Self-Realization Fellowshipa, Beverly Hills, Kalifornija, 1949.

❖ ❖ ❖

Jednome učeniku koji je bio izrazito intelektualno usmjeren, Guru bi svaki put rekao:

„Pokaži svoju predanost! Sjeti se Isusovih riječi: 'Slavim te, Oče, što si ovo sakrio od mudrih i umnih, a objavio malenima.'*"

Isti je učenik posjetio Učitelja u njegovu pustinjskom utočištu uoči Božića 1951. Na stolu bijahu neke igračke namijenjene za darove. Paramahansaji se neko vrijeme igrao njima poput djeteta, a zatim upitao mladića: „Kako ti se sviđaju?"

Učenik se još nije uspio sabrati od iznenađenja, ali je kroz smijeh rekao: „U redu su, Gospodine." Učitelj se nasmijao i naveo iz Evanđelja:

„'Pustite dječicu da dođu k Meni jer takvima pripada kraljevstvo Božje!'"[†]

❖ ❖ ❖

Jedan je učenik izražavao sumnju glede svoje duhovne ustrajnosti. Kako bi ga ohrabrio, Paramahansaji mu je rekao:

---

* Mt 11:25.
† Lk 18:16.

„Gospod nije dalek, On je vrlo blizak. Ja Ga vidim posvuda."

„Ali, Gospodine, ta Vi ste Učitelj!" usprotivio se čovjek.

„Sve duše su jednake.", odgovorio je Guru. „Jedina razlika između nas dvojice jest ta što sam se ja potrudio. Pokazao sam Bogu da Ga volim i On mi je došao. Ljubav je magnet čijoj privlačnosti Bog ne može pobjeći."

❖ ❖ ❖

„Svoj hram u Hollywoodu nazivate 'crkvom svih religija', zašto onda stavljate toliki naglasak na kršćanstvo?", upitao je posjetitelj.

„To je zbog Babajijeve[*] želje.", odgovorio je Učitelj. „Zatražio je da protumačim kršćansku Bibliju i hinduističku Bibliju (Bhagavad-Gitu) i naglasim pritom temeljno jedinstvo kršćanskih svetih spisa i Veda[†]. On me je poslao na Zapad kako bih ispunio to poslanje."

❖ ❖ ❖

„Grijeh je", rekao je Učitelj: „ sve ono što uzrokuje

---

[*] Vidi u rječniku.
[†] Vidi *Vede* u rječniku.

Riječi mudrosti Paramahanse Yoganande

da čovjek zaboravlja Boga."

❖ ❖ ❖

„Učitelju, kako je Isus mogao pretvoriti vodu u vino?", upitao je učenik. Sri Yogananda je odgovorio:

„Svemir je rezultat igre svjetla – različitih titraja životne energije. Postoji podudarnost između uobičajenih pokretnih slika koje gledamo u kinu i samoga stvaranja. U oba slučaja riječ je o projiciranju slika putem snopa svjetlosti. Krist je spoznao kako je temeljna potka svemira svjetlost; u njegovim očima nije postojala bitna razlika između svjetlosnih zraka koje tvore vodu i onih koje tvore vino. Ono što je Bog učinio na početku Stvaranja*, to je učinio i Isus kada je naredio titrajima životne energije da poprime različite pojavne oblike.

„Svi ljudi koji prevladaju lažno područje u kojem vladaju relativnosti i dvojnosti ulaze u stvarni svijet Jedinstva. Oni postaju jedno sa Svemoćnošću upravo na način kako je Krist govorio: 'Tko vjeruje u me (onaj koji boravi u Kristovoj Svijesti), i on će činiti djela koja ja činim. Činit će i veća od ovih, jer ja idem k Ocu (jer ja se uskoro vraćam u najviše područje Apsoluta potpuno

---

* „'Neka bude svjetlost!' I bi svjetlost." – Post 1:3.

lišeno vibracija i izvan područja stvaranja)'"*.

❖ ❖ ❖

„Učitelju, vjerujete li vi u brak?" upitao je student. „Iz Vaših riječi često se može zaključiti kako ste protiv njega." Paramahansaji je odgovorio:

„Za one koji istinski u srcu osjećaju potrebu za pronalaženjem Boga, Vječnog Voljenog, i spremni su pritom odreći se svega, za takve je brak nepotreban, pa čak predstavlja i zapreku. No u običnim slučajevima nisam protiv pravog braka u kojemu dvije osobe žive zajedno pomažući jedna drugoj u nastojanju da spoznaju Boga. Takve osobe temelje svoj brak na ispravnoj osnovi: bezuvjetnom prijateljstvu. Ženu ponajprije vode osjećaji, a muškarca razum. Brak je prilika da se te dvije kvalitete ujednače.

Danas je malo pravih duhovnih veza jer mladi ne dobivaju gotovo nikakvu duhovnu pouku. Zbog toga ostaju emocionalno nezreli i nepostojani te se pri izboru bračnoga partnera obično vode običnom spolnom privlačnosti ili društvenim običajima, pri čemu se gubi plemenita svrha braka." Dodao je još i ovo: „Često znam reći:

---

* Iv 14:12. Vidi u rječniku *Sat-Tat-Aum*.

'Najprije se neopozivo učvrstite na božanskom putu; ako se zatim i vjenčate, nećete napraviti pogrešku!'"

❖ ❖ ❖

„Ne obasipa li Bog Svojom milošću neke ljude obilnije nego druge?", upitao je student. Paramahansaji je odgovorio:
„Bog bira one koji Njega biraju."

❖ ❖ ❖

Dvije su gospođe običavale ostavljati automobil otključanim na parkiralištu. Učitelj im je rekao: „Budite oprezne i zaključavajte auto."

„Gdje Vam je vjera u Boga?", uskliknule su.

„Imam ja vjere", odgovorio je Paramahansaji: „no ona ne znači i nemarnost."

One su ipak nastavile po starom. Jednoga dana, kada su na stražnjem sjedalu ostavile mnoge vrijedne stvari, lopovi su ih ukrali.

„Ne možete očekivati da vas Bog štiti ako same zanemarujete Njegove zakone zdravog razuma i opreza." rekao je Učitelj. „Imajte vjere, ali pritom budite praktične i ne stavljajte druge na kušnju."

❖ ❖ ❖

Neki su učenici bili toliko obuzeti svakodnevnim aktivnostima da su zanemarivali svoju meditaciju.[*] Učitelj ih je upozorio:

„Ne govorite: 'Sutra ću duže meditirati.' Uz takvo stajalište odjednom ćete shvatiti da je prošla cijela godina u ispraznim obećanjima samom sebi. Umjesto toga recite: 'Svaki drugi posao može čekati, ali moja potraga za Bogom ne može.'"

❖ ❖ ❖

„Gospodine,", upitao je učenik: „čini se da neki učitelji znaju više od drugih. Kako to?"

„Svi oni koji su potpuno oslobođeni jednaki su u svojoj mudrosti.", odgovorio je Paramahansaji. „Oni posjeduju potpuno razumijevanje svega, ali rijetko otkrivaju to svoje znanje. Oni udovoljavaju Bogu tako što igraju svaku ulogu koju im On dodijeli. Ako se čini da su u nečemu uvelike pogriješili, to je u stvari dio njihove ljudske uloge. Oni su u sebi potpuno neovisni o suprotnostima vanjskog svijeta i relativnostima *maye*."

❖ ❖ ❖

---

[*] Vidi *Kriya* joga u rječniku.

„Nikako mi ne uspijeva očuvati prijateljstva.", povjerio se student.

„Moraš pomno birati društvo.", rekao je Paramahansaji. „Budi srdačan i iskren, ali uvijek moraš zadržati malu udaljenost i poštovanje. Nikad nemoj biti preblizak s ljudima. Lako je steći prijatelje, no želiš li održati prijateljstva, moraš se držati ovoga pravila."

❖ ❖ ❖

„Učitelju,", upitao je jedan student: „može li duša biti zauvijek izgubljena?" Guru je odgovorio:
„To je nemoguće. Svaka je duša dio Boga i kao takva je neuništiva."

❖ ❖ ❖

„Pokloniku koji slijedi ispravan put duhovni napredak događa se prirodno i nenametljivo poput disanja.", rekao je Učitelj. „Jednom kada čovjekovo srce pripada Bogu, on postaje tako duboko uronjen u Njega da jedva i primjećuje da je riješio sve svoje probleme. Drugi ga počinju nazivati 'Guru', a on sav u nevjerici misli:
'Što je ovo! Zar je grešnik postao svetac? Gospode, daj da Tvoja slika na mome licu bude tako sjajna da *me* nitko ne vidi, osim *Tebe*!'"

❖ ❖ ❖

Jedan je student stalno tražio znakove vlastita duhovnog napretka. Učitelj mu je rekao:

„Budeš li neprestano vadio sjeme koje si upravo posijao kako bi provjerio raste li, ono nikada neće pustiti korijen. Pažljivo se brini o njemu, ali ne budi radoznao!"

❖ ❖ ❖

„Kako je neobičan onaj Z.Z.!" Ovako su neki učenici raspravljali o posebnostima različitih osoba. Učitelj je rekao:

„Zašto ste iznenađeni? Ovaj svijet nije ništa drugo već Božji zoološki vrt."

❖ ❖ ❖

„Nisu li Vaša učenja o tome da treba suspregnuti osjećaje, opasna?", upitao je student. „Mnogi psiholozi mišljenja su kako susprezanje vodi do duševnih poremećaja pa čak i do tjelesne bolesti."

Učitelj je odgovorio:

„Susprezanje je štetno – u smislu stalnog razmišljanja o nečemu, a da u isto vrijeme ne poduzimamo ništa djelatno u vezi postizanja rješenja. Samokontrola je korisna – pomaže nam da strpljivo zamijenimo pogrešne misli ispravnima, a neprimjereno ponašanje onim koje nam koristi.

Oni koji su opsjednuti zlom nanose štetu samima sebi. Oni pak ljudi čije su misli ispunjene mudrošću, a život korisnim djelovanjem, pošteđeni su bijede patnje."

❖ ❖ ❖

„Bog nas iskušava na sve moguće načine.", rekao je Učitelj. „On nam baca u lice sve naše slabosti i naglašava ih kako bismo ih postali svjesni i prevladali te tako situaciju preokrenuli u našu korist. Može nas suočiti s kušnjama i mukama koje nam se čine nepodnošljivima. Katkad nam se može učiniti da nas čak i odbacuje. No pametan će poklonik uvijek reći:

'Ne, Gospode, ja želim Tebe. Ništa me neće odvratiti od moje potrage za Tobom. Moja molitva iz dubine srca je ova: Nemoj me nikada izložiti kušnji da moram zaboraviti na Tvoju prisutnost.'"

❖ ❖ ❖

„Gospodine, hoću li ja ikada napustiti duhovni put?", zanimalo je učenika kojega su obuzele sumnje. Učitelj je odgovorio:

„Kako bi to bilo moguće? Svatko na svijetu zapravo je na duhovnom putu."

❖ ❖ ❖

„Gospodine, molim Vas, udijelite mi milost predanosti!", usrdno je molio učenik.

„Ti u stvari govoriš ovo: 'Dajte mi novac kako bih mogao kupiti ono što želim.'" odgovorio je Učitelj. „A ja ti kažem: 'Ne, ti najprije moraš *zaraditi* novac. Nakon toga možeš s pravom uživati u onome što si kupio.'"

❖ ❖ ❖

Kako bi pomogao obeshrabrenom studentu, Učitelj mu je ispričao jedno svoje iskustvo:

„Jednoga dana ugledao sam veliku hrpu pijeska po kojoj je puzio maleni mrav. Rekoh: 'Ovaj mrav zasigurno misli da se penje na Himalaju!' Ta hrpa pijeska mravu se činila divovskom, a meni ne. Slično tome, milijun naših sunčevih godina mogu se Bogu činiti kraćim od minute. Moramo izvježbati um da razmišlja na velikoj skali Vječnosti! Beskonačnosti!"

❖ ❖ ❖

„Yoganandaji je zajedno sa skupinom učenika izvodio večernje vježbe na travnjaku Duhovne škole u Encinitasu. Jedan ga je mladić pitao za sveca kojemu nije znao ime:

„Gospodine,", rekao je: „bio je to učitelj koji se pojavio pred Vama prije nekoliko mjeseci."

„Ne sjećam se.", odgovorio je Paramahansaji.

„Gospodine, bilo je to u stražnjem vrtu."

„Mnogi me tamo posjećuju. Vidim neke koji su preminuli i neke koji su još živi."

"Kako je to divno, Gospodine!"

"Onomu tko je istinski Božji poklonik Njegovi sveci dolaze." Guru je napravio nekoliko vježbi i nastavio:

„Jučer sam tijekom meditacije u svojoj sobi poželio znati nešto više o jednome velikom učitelju iz davne prošlosti. On se materijalizirao ispred mene. Dugo smo tako sjedili na mom krevetu, jedan pokraj drugog, držeći se za ruke."

„Gospodine, je li Vam on rekao nešto o svom životu?"

„Pa...", odgovorio je Paramahansaji: „naša međusobna izmjena vibracija bila je dovoljna da dobijem potpunu sliku o njemu."

❖ ❖ ❖

Učitelj meditira u Dihiki tijekom posjeta Indiji 1935. U blizini tog mjesta prvotno je bila smještena njegova Škola za dječake. Škola je 1918. premještena u Ranchi u kojem i danas uspješno radi.

Članove redovničke zajednice Self-Realization reda*
(Self-Realization Order) Učitelj je na ovaj način upozorio
na moguću opasnost od duhovnoga opuštanja:

„Tek kada postigne stanje *nirbikalpa samadhija** čovjek je siguran da više neće pasti pod utjecaj prijevare.
Do tada mora stalno biti na oprezu.

Jedan je učenik slavnoga indijskog učitelja bio iznimno duhovno napredan i stoga istican kao primjer koji treba slijediti. Jednog je dana taj učenik spomenuo kako upravo pomaže jednoj vrlo pobožnoj ženi na njezinu duhovnom putu tako što s njom meditira.

Njegov mu je Guru tiho rekao: 'Sadhu*, budi oprezan!'

Nekoliko mjeseci kasnije došlo je do klijanja sjemena učenikove loše karme* i on je pobjegao s tom ženom. No ubrzo se vratio svom guruu i zavapio: 'Oprostite! Žao mi je!' Nije dopustio da ta pogreška uzme maha, već je udvostručio svoje napore za postizanje potpunog samoostvarenja.

Ova priča neka vam bude poduka i podsjetnik kako i veliki poklonik može biti zaveden. Budite stoga uvijek na oprezu sve dok ne postignete konačnu Svetost."

❖ ❖ ❖

---

* Vidi u rječniku.

„U odnosu na istinsku religiju prirodne znanosti su više teorijske.", rekao je Učitelj. „Znanost nam omogućava da, primjerice, istražimo vanjsku prirodu i ponašanje atoma. Ali samo nam praksa meditacije omogućava postizanje sveprisutnosti kojom jogi može postati jedno s atomom."

❖ ❖ ❖

Jedan prilično zahtjevni učenik često je znao iznenada doći u Centar na Mt. Washingtonu. Isto je tako znao često telefonirati Učitelju na njegov račun. „On je zbilja neobična osoba.", rekao je jednom Paramahansaji. „Njegovo srce pripada Gospodu. Usprkos njegovim manama i nedostacima on će postići cilj jer neće Bogu dati mira sve dok to ne postigne!"

❖ ❖ ❖

U prvo vrijeme nakon dolaska u Ameriku Učitelj je nosio indijsku odjeću i imao dugu kosu koja mu je padala sve do ramena. Na temelju njegova neobična izgleda neki ga je prolaznik upitao: „Proričete li vi sudbinu?" Paramahansaji mu je odgovorio:
„Ne, ja govorim ljudima kako mogu popraviti svoj život."

❖ ❖ ❖

Učitelj je učenicima ispričao priču o jednome svecu koji je uništio svoje visoko duhovno postignuće time što je javno pokazivao svoje čudesne moći. „Ubrzo, on je uvidio svoju pogrešku", rekao je Paramahansaji: „i vratio se učenicima. Pri kraju života postao je potpuno oslobođena osoba."

„Gospodine, kako je moguće da se tako brzo ponovno duhovno uzdigao?", zanimalo je jednog poklonika. „Nije li teret karme teži upravo za čovjeka koji je pogriješio već na vrlo visokom stupnju duhovnog razvoja u odnosu na obična čovjeka koji griješi iz običnog neznanja? Čudno kako taj indijski svetac nije morao duže čekati na krajnje oslobođenje."

Učitelj je sa smiješkom zavrtio glavom. „Bog nije nikakav tiranin.", rekao je. „Čovjek koji se naviknuo hraniti ambrozijom bio bi nesretan kada bi morao jesti ustajali sir. Ako on iz sveg srca ponovno zavapi za ambrozijom, Bog mu je neće uskratiti."

❖ ❖ ❖

Jedan je prijatelj smatrao neprikladnim da se Self-Realization Fellowship služi oglašavanjem. Učitelj mu je na to odgovorio:

„Tvrtka Wrigley koristi se oglasima kako bi navela ljude da žvaču gumu. Zašto onda ja ne bih navodio ljude da 'žvaču' dobre ideje?"

❖ ❖ ❖

Tijekom razgovora o tome kako brzo milošću Božjom možemo biti oslobođeni prijevarnog utjecaja *maye*, Učitelj je rekao:
„Čini se da smo u ovom svijetu uronjeni u more nevolja. Tako je sve dok ne dođe božanska Majka i ne prodrma nas kako bi nas probudila iz toga ružnog sna. Svaki će čovjek, prije ili kasnije, doživjeti ovo oslobađajuće iskustvo."

❖ ❖ ❖

Jedan student kolebao se između puta odricanja i dugo željenog ostvarenja poslovne karijere. Učitelj mu je nježno rekao:
„Sve ispunjenje za kojim težiš, i mnogo više od toga, čeka te kod Boga."

❖ ❖ ❖

Jedan se student nikako nije mogao riješiti loših

navika. Njemu je Učitelj predložio sljedeće: „Ako ti nedostaje snaga *volje*, pokušaj steći snagu za reći *neću*."

❖ ❖ ❖

„Kolika je to odgovornost kada čovjek pokušava poboljšati ljude!", uzviknuo je Učitelj. „Ruža u vazi izgleda divno pa čovjek zaboravlja koliki je trud uložen u njezin uzgoj. Ako je potrebno toliko muke i truda da bi se dobila lijepa ruža, koliko je tek truda i nastojanja potrebno da bi se dobilo savršeno ljudsko biće!"

❖ ❖ ❖

„Nemojte se previše zbližavati s drugima.", rekao je Učitelj. Prijateljstva nas ne ispunjavaju ako nisu utemeljena na obostranoj ljubavi prema Bogu.
 „Sva naša ljudska želja da nas drugi razumiju i vole u stvari je čežnja duše za jedinstvom s Bogom. Što se više tu potrebu trudimo zadovoljiti u vanjskom svijetu, to je manje izgleda da ćemo pronaći božanskoga Prijatelja."

❖ ❖ ❖

„Postoje tri vrste poklonika.", rekao je Učitelj. „Vjernici koji idu u crkvu i to smatraju dovoljnim;

vjernici koji žive pošteno i čestito, ali se ne trude postići jedinstvo s Bogom; i na posljetku, vjernici koji su čvrsto *odlučili* otkriti tko su oni zapravo."

❖ ❖ ❖

Upitan da objasni pojam samoostvarenja Učitelj je odgovorio:

„Samoostvarenje predstavlja spoznaju kroz tijelo, um i dušu kako smo jedno s božjom Sveprisutnošću; kako ne moramo moliti da bismo je ostvarili; da nam je ona ne samo uvijek dostupna nego da je božja Sveprisutnost ujedno i naša sveprisutnost; kako smo mi već sada dio Njega kao što ćemo to uvijek biti. Sve što trebamo učiniti jest ubrzati svoju spoznaju."

❖ ❖ ❖

„Bog brzo priskače u pomoć Svojim poklonicima jer su oni uspješno svladali sve podvodne struje ega.", rekao je Učitelj.

❖ ❖ ❖

„U vrijeme kada smo tek bili osnovali Centar na Mt. Washingtonu trebala je stići rata otplate hipoteke, a na našem bankovnom računu nije bilo novca. Ja sam se duboko molio Bogu govoreći Mu: 'Dobrobit naše organizacije u Tvojim je rukama.' Tada se preda mnom pojavila božanska Majka i rekla mi na engleskom:

'Ja sam vaše obveznice i dionice, Ja sam vaša sigurnost.'

Nekoliko dana kasnije primio sam poštom veliku donaciju za naš Centar."

❖ ❖ ❖

Jedan je učenik pokazivao odanost i izvršavao svaku zadaću koju bi mu povjerio Učitelj, no za druge nije htio ništa učiniti. Kako bi ga upozorio na pogrešku, Učitelj mu je rekao:

„Trebaš i ostalima služiti onako kako služiš meni. Ne zaboravi da Bog podjednako boravi u svima. Stoga ne propusti nijednu priliku da Mu ugodiš."

❖ ❖ ❖

„Smrt nas uči da ne trebamo biti vezani za tijelo, već svoju pozornost moramo usmjeriti na Boga. Stoga nam je smrt zapravo prijatelj.", rekao je Učitelj. „Ne trebamo previše žaliti za našima voljenima kada preminu. Sebično je željeti da netko zauvijek ostane uz nas samo da bi nama bilo ugodno i po volji. Umjesto toga trebamo se radovati što su oni pozvani da nastave svoj put prema duhovnoj slobodi u novom i boljem okružju astralnoga svijeta.*

Tuga zbog rastanka u većine ljudi traje neko vrijeme, a zatim slijedi zaborav. No mudri osjećaju potrebu tražiti svoje drage koji su preminuli u okrilju Vječnoga. Ono što poklonici izgube u konačnom životu, to dobivaju ponovno natrag u Beskonačnosti."

❖ ❖ ❖

„Koja je najbolja molitva?", upitao je učenik. Učitelj mu je odgovorio:

„Obratite se Gospodu ovim riječima: 'Molim Te, reci mi što je volja Tvoja.' Nemojte reći: 'Želim ovo ili ono!', već imajte vjere u to da Bog najbolje zna što vam treba. Vidjet ćete kako dobivate puno bolje stvari kada prepustite Njemu da bira umjesto vas."

❖ ❖ ❖

Učitelj je često od učenika tražio da obave neki ne pretjerano važni zadatak. Kada je jedna učenica

---

* Vidi u rječniku.

zanemarila ispuniti jednu takvu sitnicu smatrajući je nevažnom, Učitelj ju je blago prekorio rekavši:

„Vjernost u obavljanju malih svakodnevnih dužnosti daje nam snagu i odlučnost da se prihvatimo teških životnih odluka koje život jednom može staviti pred nas."

❖ ❖ ❖

Prisjećajući se sličnih riječi Sri Yukteswara[*], Učitelj je rekao novom učeniku:

„Neki ljudi vjeruju da je ulazak u duhovnu školu u kojoj se vježba samodisciplina jednak vlastitu pogrebu. No to je u stvari prilika za posljednji ispraćaj svake tuge u životu!"

❖ ❖ ❖

„Glupo je očekivati da ćete istinsku sreću naći u zemaljskim vezanostima i posjedima jer oni jednostavno nemaju tu moć.", rekao je Učitelj. „Ipak, milijuni ljudi umiru slomljena srca nakon što su uzaludno pokušavali u svjetovnom životu pronaći ispunjenje koje im samo Bog može dati jer je On Izvor sve radosti."

[*] *Autobiografija jednog jogija*, 12. poglavlje.

❖ ❖ ❖

Objašnjavajući zašto samo malobrojni mogu shvatiti beskonačnog Boga, Učitelj je rekao:

"Kao što malena čaša ne može biti spremnik za vode oceana, tako ni ograničeni ljudski um ne može pojmiti univerzalnu Kristovu Svijest. Ali, jednom kada ustrajnom meditacijom čovjek dovoljno proširi granice svojega uma, on napokon postaje sveznajući. Postaje jedno s božanskom Inteligencijom koja prožima sve atome stvorenoga svijeta.

Sv. Ivan je rekao: 'A svima koji Ga primiše dade vlast da postanu djeca Božja: onima koji vjeruju u Njegovo ime.'*" Sv. Ivan je pod 'svima koji Ga primiše' mislio na one ljude koji su usavršili svoj um i postali sposobni pojmiti Beskonačnost. Jedino takvi mogu ponovno zadobiti pravo nazivati se 'djecom Božjom'. Oni 'vjeruju u Njegovo ime' tako što su postigli jedinstvo s Kristovom Svijesti."

❖ ❖ ❖

Jedan je student napustio duhovnu školu, ali se jednog dana vratio i tužno rekao Učitelju:

* Iv 1:12.

„Zašto sam uopće bio otišao?"

„Zar ovdje nije raj u usporedbi s vanjskim svijetom?", upitao ga je Paramahansaji.

„Ta zaista jest!", odgovorio je mladić i počeo jecati sve dok i Učitelj iz suosjećanja nije zaplakao zajedno s njim.

❖ ❖ ❖

Jedna redovnica Self-Realization Reda žalila se da joj nedostaje predanosti. „Nije da ne želim spoznati Boga,", rekla je: „ali mi se čini kako nisam sposobna usmjeriti svoju ljubav prema Njemu. Što može učiniti netko tko se poput mene nađe 'na suhom'"?

„Ne trebaš stalno razmišljati o tome kako ti nedostaje predanosti, već trebaš raditi na tome da je zadobiješ.", odgovorio je Učitelj. „Zašto zdvajati nad time što ti Bog nije došao? Pomisli radije koliko si dugo ti Njega zanemarivala!

Više meditiraj, i to duboko, te slijedi pravila ponašanja u duhovnoj školi. Promjenom vlastitih navika postupno ćeš u svojemu srcu probuditi sjećanje na Njegovo čudesno Biće. A jednom kada Ga upoznaš, nema sumnje da ćeš Ga i zavoljeti."

❖ ❖ ❖

Jedne je nedjelje Učitelj posjetio crkvu čiji je zbor pjevao posebno njemu u čast. Nakon završetka službe zborovođa i članovi zbora upitali su Paramahansajija:

„Kako Vam se svidjelo pjevanje?"

„Bilo je dobro.", rekao je Sri Yogananda prilično ravnodušno.

„Oh! U stvari nije Vam se svidjelo?", zanimalo ih je.

„Ne bih baš tako rekao."

Kako su oni i dalje zahtijevali odgovor, Učitelj je napokon rekao: „Što se tehnike tiče, bilo je savršeno, ali vi niste shvatili Komu zapravo pjevate. Bilo vam je stalo samo da udovoljite meni i publici. Stoga sljedeći put nemojte pjevati čovjeku, već Bogu."

❖ ❖ ❖

Učenici su s divljenjem razgovarali o patnjama koje su tijekom povijesti spremno podnosili sveci-mučenici. Učitelj je rekao:

„Sudbina tijela potpuno je nevažna onomu tko je postigao spoznaju Boga. Fizičko tijelo je poput tanjura koji poklonik koristi dok jede obrok mudrosti svoga života. Nakon što je utolio glad, od kakve mu je koristi tanjur? Ako se i razbije, poklonik jedva da to i primjećuje. Jer on je već sav prožet Gospodom."

Paramahansaji upućuje toplu dobrodošlicu okupljenim članovima ispred hrama Self-Realization Fellowshipa u San Diegu, Kalifornija, 1949.

Riječi mudrosti Paramahanse Yoganande

❖ ❖ ❖

Za dugih ljetnih večeri Učitelj je znao razgovarati s učenicima na terasi Duhovne škole u Encinitasu. Jednom prilikom poveo se razgovor o čudima, a Učitelj je o tome rekao:

„Većinu ljudi zanimaju čuda i željni su ih vidjeti. No moj Učitelj, Sri Yukteswar, koji je sâm vladao svim silama prirode, imao je o tome vrlo strogo mišljenje. Neposredno prije nego što ću krenuti iz Indije u Ameriku gdje sam trebao održati predavanje na kongresu, rekao mi je: 'Pobudi u ljudima ljubav prema Bogu. Nemoj ih privlačiti pokazivanjem neobičnih moći.'

Da sam hodao po vodi i vatri te na taj način diljem zemlje punio dvorane ljudima željnim senzacija, kakva bi bila korist od toga? Pogledajte zvijezde, oblake i ocean, pogledajte maglu na travi. Može li se ijedno čudo koje čovjek izvede usporediti s ovim u biti neobjašnjivim pojavama? Ipak, samo rijetki pronalaze u prirodi nadahnuće da vole Boga – Onoga koji je Čudo nad čudima."

❖ ❖ ❖

Skupini prilično nemarnih mladih učenika Učitelj je rekao:

„U svoj život trebali biste uvesti više reda. Bog je

stvorio određeni raspored za sve. Tako sunce sja do zalaska, a zvijezde sjaje do zore."

❖ ❖ ❖

„Nije li razlog zbog kojeg sveci posjeduju mudrost u tome što su pod okriljem posebne Gospodove milosti?", upitao je jedan posjetitelj.

„Ne.", odgovorio je Učitelj. „To što u nekih ljudi nije prisutna jasna spoznaja Boga ne ovisi o Bogu jer On nikome ne uskraćuje Svoju milost. Razlog je u tome što se većina ljudi sama zatvara pred Njegovom svjetlošću koja vječno struji. Uklone li tamni zastor egoizma, sva Njegova djeca mogu jednako odražavati Njegove zrake sveznanja.

❖ ❖ ❖

Jedan je posjetitelj s omalovažavanjem govorio o idolopoklonstvu Indijaca. Učitelj mu je na to tiho odgovorio:

„Ako čovjek sjedi u crkvi sklopljenih očiju i pritom dopušta da mu misli odlutaju prema svjetovnim stvarima – idolima materijalizma – Bog je itekako svjestan da Ga se u toj crkvi ne štuje.

Ako se pak čovjek pokloni kamenom kipu jer u

njemu vidi odraz Boga te stalni podsjetnik na živu sveprisutnost Duha koji je posvuda, tada Bog prihvaća takvo štovanje."

❖ ❖ ❖

„Odlazim u brda kako bih bio nasamo s Bogom.", obavijestio je student Učitelja.

„Na taj način nećeš postići duhovni napredak.", odgovorio je Paramahansaji. „Tvoj um još nije spreman za duboku koncentraciju o Duhu. I u divljini tvoje će misli većim dijelom biti ispunjene sjećanjima na ljude i svjetovne radosti. Za tebe je bolje ostati ovdje i veselo obavljati zemaljske dužnosti uz redovitu svakodnevnu meditaciju."

❖ ❖ ❖

Nakon što je pohvalio jednoga učenika, Učitelj je rekao:

„Kada te se pohvali, ne smiješ se opustiti, već nastoji biti još bolji. Tvoj neprekidni napredak donosi radost ne samo tebi već i onima oko tebe, pa i Bogu."

❖ ❖ ❖

„Put odricanja nije nešto negativno, već pozitivno. On ne predstavlja odricanje od ničega drugog osim od jada i bijede.", rekao je Učitelj.

„Odricanje ne treba shvaćati kao žrtvovanje. To je prije božansko ulaganje nekoliko novčića samodiscipline koji nam mogu donijeti milijunsku duhovnu zaradu. Nije li mudro iskoristiti zlatnike svojih brzo prohujalih dana za kupnju Vječnosti?"

❖ ❖ ❖

Gledajući jednoga nedjeljnog jutra more cvjetova koje je ukrašavalo hram, Učitelj je rekao:

„Bog je Ljepota, zbog toga je On stvorio dražesno cvijeće koje će govoriti o Njemu. Više nego išta drugo u prirodi, cvijeće nam daje naznaku Njegove prisutnosti. Njegovo sjajno lice proviruje iza prozora ljiljana i potočnica. Opojni miris ruže u stvari je Njegov poziv: 'Potraži Me!' Bez glasa On nam se obraća na ovakav način. Kroz ljepotu prirode On pokazuje Svoje djelo, ali nam ne otkriva da je On u njoj skriven."

❖ ❖ ❖

Dvojica učenika iz Duhovne škole u Encinitasu zamolila su Učitelja da im dopusti otići na izlet u posjet prijateljima. Paramahansaji im je odgovorio:

„Nije dobro često se družiti s ljudima iz vanjskog svijeta sve dok ste na početku puta odricanja i duhovnog školovanja. U suprotnom, vaš um postaje propustan poput sita koje ne može zadržati brašno percepcije Boga. Odlasci na izlete neće vam donijeti spoznaju Beskonačnosti."

Kako je Guruov običaj bio davanje savjeta, a ne naređivanje, dodao je: „Moja je dužnost upozoriti vas kada vidim da ne idete u pravome smjeru. Ali na vama je da odlučite hoćete li me poslušati."

❖ ❖ ❖

„Bog nastoji na Zemlji uspostaviti univerzalno umijeće ispravnoga življenja tako što ljude potiče na osjećaj bratstva i međusobnoga poštovanja među narodima svijeta.", rekao je Učitelj. Stoga, On nije nijedan narod učinio u potpunosti savršenim. Ljudima svake rase dao je neku urođenu sposobnost, neki posebni dar putem kojeg oni doprinose na jedinstven način svjetskoj civilizaciji.

„Stvaralačke razmjene najboljih osobina među narodima svijeta ubrzavaju postizanje mira na Zemlji. Ne treba se obazirati na nečije nedostatke, već kod drugih treba uočiti njihove vrline te ih pokušati usvojiti. Važno je shvatiti da su veliki sveci kroz povijest u sebi utjelovljivali ideale bliske svim zemljama kao i duhovne odlike koje pripadaju svim religijama."

❖ ❖ ❖

Učiteljevo lice je iskrilo osmijesima dok je razgovarao. Jednoga je dana rekao:

„One koji su na duhovnom putu vidim kao sudionike utrke. Neki trče brzo, drugi se kreću sporo. Ima i onih koji trče unatrag!"

Drugom je prilikom primijetio:

„Život je bitka. Ljudi se u njoj bore protiv unutarnjih neprijatelja pohlepe i neznanja. Ima mnogo ranjenih mecima raznoraznih želja."

❖ ❖ ❖

Paramahansaji je prekorio nekoliko učenika zbog neučinkovita obavljanja njihovih dužnosti. Oni su zbog toga bili vrlo tužni. Guru im je na to rekao:

„Ne volim kada vas moram kritizirati jer svi ste vi tako dobri. No kada ugledam mrlje na bijelom zidu, ja ih želim ukloniti."

Riječi mudrosti Paramahanse Yoganande

❖ ❖ ❖

Paramahansaji je s nekolicinom ljudi putovao autom prema jednom utočištu Self-Realization Fellowshipa. Tijekom vožnje naišli su na starca s teškim teretom na leđima koji se jedva kretao po vrućoj, prašnjavoj cesti. Učitelj je zamolio vozača da stane, pozvao je starca i dao mu nešto novca. Nekoliko minuta poslije Paramahansaji je rekao učenicima:

„Ah taj svijet i njegova grozna iznenađenja! Mi se vozimo dok onaj starac pješači. Svi biste se vi trebali odlučno riješiti straha od nepredvidljivih iznenađenja *maye*. Kada bi taj nesretnik posjedovao spoznaju Boga, siromaštvo i bogatstvo ne bi mu ništa značili. Kada postignete Beskonačnost, sva stanja svijesti se pretvaraju u jedno: uvijek novo Blaženstvo."

❖ ❖ ❖

„Gospodine, za koji odlomak iz *Autobiografije jednog jogija* smatrate da može najviše nadahnuti prosječnog čovjeka?" upitao je student. Učitelj je neko vrijeme razmišljao, a zatim rekao:

„Ove riječi moga gurua Sri Yukteswara: 'Zaboravite prošlost. Ljudsko ponašanje puno je nedosljednosti sve dok se čovjek ne usidri u Božanskom. Sve će se ispraviti u budućnosti, uložite li sada duhovni napor.'"

❖ ❖ ❖

„Bog nas se sjeća, a mi se Njega ne sjećamo.", rekao je Učitelj. Kad bi On samo na tren zaboravio na stvaranje, sve bi nestalo bez traga. Zar nije On taj koji ovu grudu blata zvanu Zemlja održava na putanji? Zar nije On taj koji čini da drveće i cvijeće rastu? Zar nije Gospod jedini koji održava otkucaje naših srca, probavlja našu hranu i svakodnevno obnavlja stanice našega tijela? Unatoč tome, kako malen broj nas koji smo Njegova djeca uopće razmišlja o Njemu!"

❖ ❖ ❖

„Um je", rekao je Paramahansaji: „poput čudesne gumene vrpce koja se može rastegnuti do beskonačnosti, a da ne pukne."

❖ ❖ ❖

„Kako je moguće preuzeti na sebe lošu karmu*

---

* Vidi u rječniku. Zakon prema kojemu je moguć prijenos karme potpunije je objašnjen u 21. poglavlju *Autobiografije jednog jogija*.

drugih?", upitao je student. Učitelj je odgovorio:

„Recimo da vidiš kako se jedan čovjek sprema udariti drugoga. Ti možeš stati ispred ovoga drugog i sâm primiti udarac njemu namijenjen. To je upravo ono što veliki duhovni učitelj čini. On uočava kada u životima njegovih učenika nailazi neki nepoželjni učinak loše karme iz prošlosti. Ako smatra primjerenim, on tada preuzima na sebe posljedice učenikovih pogrešaka služeći se određenim metafizičkim metodama. Zakon uzroka i posljedice djeluje mehanički, odnosno s matematičkom preciznosti; jogi razumije te zakonitosti i može preusmjeriti tijek izvršenja toga zakona.

Sveci su svjesni Boga kao vječnoga Bića i neiscrpne životne Energije pa mogu preživjeti i podnijeti udarce koji bi običnog čovjeka ubili. Njihov um nije uznemiren fizičkom bolesti niti nevoljama svakodnevnoga života."

❖ ❖ ❖

Učitelj je sa svojim učenicima raspravljao o mogućnostima proširenja rada Self-Realization Fellowshipa. On im je rekao:

„Imajte na umu: crkva je košnica, a Gospod predstavlja med. Ne zadovoljavajte se običnim pripovijedanjem o duhovnim istinama, već ljudima pokažite kako sami mogu postići svijest o Bogu."

❖ ❖ ❖

Paramahasaji je bio slobodan od bilo kakve vezanosti za svijet i ljude pa ipak je bio pun ljubavi i vjernosti. Jednog je dana rekao:

"Kada ne vidim svoje prijatelje, oni mi ne nedostaju, ali kad ih vidim, nikada se ne umorim od njih."

❖ ❖ ❖

"Gospoda vidim posvuda u Njegovu svemiru.", rekao je Učitelj. "Dok gledam prekrasno drvo, moje srce je dirnuto te mi šapće: 'On je tamo!' Ja Mu se tada poklonim u znak divljenja. Zar nije svaki atom na Zemlji prožet Njime? Zar bi naš planet uopće mogao postojati da ga na okupu ne drži Božja moć? Istinski poklonik vidi Ga u svim osobama, u svim stvarima; svaka stijena tada postaje oltar.

Kada je Gospod zapovjedio: 'Nemoj imati drugih bogova uz mene. Ne pravi sebi lika ni obličja bilo čega.'* On je pod tim mislio kako ne smijemo uzdizati stvorene predmete iznad Stvoritelja samog. Naša ljubav prema

---

* Izl. 20:3-4.

prirodi, obitelji, prijateljima, dužnostima i stečevinama ne smije zauzimati središnje mjesto na prijestolju naših srca. To mjesto pripada jedino *Bogu*."

❖ ❖ ❖

Nakon što je jednog studenta upozorio na pogrešku Učitelj je rekao:
„Ne smiješ biti osjetljiv zato što te nastojim ispraviti. Ja to činim upravo zato što ti pobjednički kročiš kroz bitku protiv navika koje ti nameće ego pa te želim još više potaknuti na samodisciplinu. Ja te stalno blagoslivljam za tvoje buduće dobro. Večeras sam te upozorio kako ne bi stekao naviku mehaničkog izvođenja duhovnih dužnosti i tako zaboravio svakodnevno duboko i zdušno traganje za Bogom."

❖ ❖ ❖

Jedne večeri Paramahansajija je posjetio neki svećenik i obeshrabren mu rekao:
„Osjećam veliku zbunjenost glede svojih duhovnih razmišljanja!"
„Čemu onda propovijedaš?"
„Volim propovijedati."
„Zar nam Krist ne govori da slijepac ne bi trebao

voditi slijepca?"*, pitao je Učitelj. „Tvojih će dvojbi nestati budeš li naučio i praktično primjenjivao metodu meditacije o Bogu, jedinoj Sigurnosti. Ako iz Njega ne crpiš nadahnuće, kako ćeš onda prenositi božansku spoznaju drugima?"

❖ ❖ ❖

Učenici, okupljeni u glavnom predsoblju Duhovne škole u Encinitasu, pomno su slušali do duboko u noć Učiteljev govor o dubokim duhovnim temama.

„Ja sam ovdje kako bih vam rekao kolika radost leži u Bogu.", zaključio je na kraju: „Radost koja je i vama dostupna i koja prožima svaki trenutak moga života. Jer On hoda sa mnom, On mi govori, On sa mnom razmišlja, On se sa mnom igra, On me vodi na svaki način. 'Gospode,', kažem Mu, 'Ja nemam nikakvih problema jer Ti si uvijek uz mene. Sretan sam što mogu Tebi služiti i smjerno pomagati Tvojoj djeci. Koju god osobu ili koji god događaj staviš pred mene, to je Tvoja odgovornost. Ja se ne želim miješati u plan koji imaš za mene. Vezano uz to ja nemam nikakvih osobnih želja.'"

❖ ❖ ❖

---

* Mt. 15:14.

Riječi mudrosti Paramahanse Yoganande

„Duboko u sebi znam kako ću istinsku sreću naći jedino u Bogu. Ipak, i dalje postoje tolike zemaljske stvari koje me privlače.", rekao je mladić koji je razmišljao o pristupanju Self-Realization Redu.

„Dijete smatra igru u pijesku zanimljivom, ali kada odraste, više ne misli tako.", bio je Učiteljev odgovor. „Kada duhovno odrasteš, više ti neće nedostajati zadovoljstva koja pruža svijet."

❖ ❖ ❖

Nakon posjeta skupine učenjaka Učitelj je rekao učenicima:

„Određeni broj učenih ljudi koji navode riječi proroka nalik su na glazbene kutije za reprodukciju zvuka. Stavite li gramofonsku ploču sa zvučnim zapisom svetih spisa, gramofon će reproducirati taj zapis bez ikakva razumijevanja stvarnoga značenja. Isto tako i ovi učenjaci ponavljaju Sveto pismo potpuno nesvjesni njegova pravog značenja. Oni ne uviđaju duboku poruku svetih spisa koja može promijeniti čovjekov život. Takvi ljudi čitanjem svetih spisa ne postižu spoznaju Boga, već samo nauče *tekst*. Na taj način postaju umišljeni i skloni raspravljanju."

Dodao je i ovo: „Zato vam ja govorim da čitate

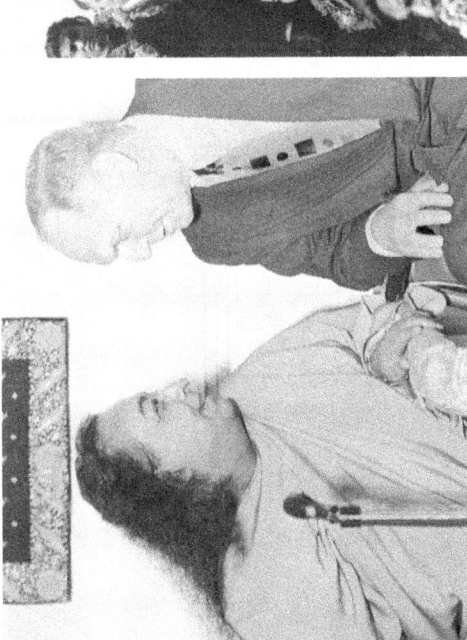

(lijevo) Sri Yogananda i Goodwin J. Knight, bivši zamjenik guvernera Kalifornije, koji je sudjelovao u posvećenju India Halla u sklopu ašrama Self-Realization Fellowshipa u Hollywoodu, 1951.

(desno) Paramahansaji s gostima Amalom i Udayem Shankarom, umjetnicima klasičnog indijskog plesa. Na fotografiji su i članovi njihove grupe te glazbenici; među njima je i vrsni svirač sitara, slavni Ravi Shankar, inače brat Udaya Shankara. Snimljeno u ašramu Self-Realization Fellowshipa u Encinitasu, Kalifornija, 1950.

manje, a meditirate više."

❖ ❖ ❖

Učitelj je rekao: „U Kreaciji se čini kako Bog spava u mineralima, sniva u cvijeću, budi se u životinjama, a u čovjeku* On *zna* da je budan."

❖ ❖ ❖

Učitelj je u potpunosti davao sebe drugima i bio uvijek na raspolaganju učenicima i onima u potrazi za istinom. Stoga mu je itekako bio potreban povremeni odmor u osami pustinjskoga utočišta Self-Realization Fellowshipa. Kada je s malom grupom stigao na odredište i automobil se zaustavio, Paramahansaji je ostao mirno sjediti, bez riječi. Činilo se da potpuno uranja u tišinu pustinjske noći. Na kraju je rekao:
„Oko bunara će se uvijek okupljati žedni ljudi. No katkad, za promjenu, bunar želi ostati sâm."

---

* „Ljudsko tijelo stoga nije isključivo rezultat evolucijskog razvoja iz zvijeri, već je proizvedeno posebnim činom Božjeg stvaranja. Životinjski oblici bili su pregrubi da u potpunosti iskažu božanskost. To znači da je čovjeku dan jedinstven potencijal u obliku „lotosa s tisuću latica" u mozgu, isto kao i visokorazvijena skrivena središta u kralježnici." – iz *Autobiografije jednog jogija*.

❖ ❖ ❖

„Unutar vašeg tijela postoje tajna vrata koja vode do božanskog svijeta.",* rekao je Učitelj. „Ubrzajte vlastiti napredak ispravnom prehranom, zdravim življenjem i poštovanjem svojega tijela kao hrama Božjeg. Otključajte sveta vrata unutar kralježnice vježbanjem znanstvene tehnike meditacije."

❖ ❖ ❖

„Učitelju, oduvijek sam htio pronaći Boga, ali bih se želio vjenčati.", rekao je student. „Mislite li da ću ipak uspjeti postići božanski Cilj?"

„Mlada osoba koja teži ulasku u brak misleći pritom

---

* Gospod je ljudsko tijelo, što je iznimka u cijelom stvaranju, opremio skrivenim središtima u kralježnici čije buđenje (pomoću joge ili, u iznimnim slučajevima, izvanrednim žarom predanosti Bogu) vodi do božanskoga prosvjetljenja. Sveti spisi hinduizma stoga naučavaju kako je: (1) ljudsko tijelo dragocjen dar te kako (2) čovjek ne može odraditi svoju materijalnu karmu nigdje osim u fizičkom tijelu. On će se uvijek iznova utjelovljivati na ovoj Zemlji sve dok ne ovlada sâm sobom i svojim postupcima. Tek tada će ljudsko tijelo ispuniti svoju svrhu zbog koje je stvoreno. (Vidi *reinkarnacija* u rječniku.)

kako će Boga pronaći naknadno, vjerojatno čini veliku pogrešku.", odgovorio je Učitelj. „U davno doba u Indiji djeca su dobivala poduku o samodisciplini u duhovnoj školi. Danas pak diljem svijeta takva poduka ne postoji. Stoga današnji čovjek jedva da ima ikakav nadzor nad svojim osjetilima, nagonima, raspoloženjima i željama. Također, vrlo je podložan utjecaju okoline. U većini slučajeva on ulaskom u obiteljski život postaje preopterećen svjetovnim dužnostima pa jedva da nalazi vremena i za izgovaranje kratke molitve Bogu."

❖ ❖ ❖

„Zašto je patnja toliko prisutna u ljudskom životu?", upitao je student. Učitelj je odgovorio:
„Postoji mnogo razloga za patnju. Jedan od njih je spriječiti čovjeka u nastojanju da nauči više o drugima nego o samome sebi. Bol u konačnici potiče čovjeka da se upita: 'Djeluje li u mom životu načelo uzroka i posljedice? Jesu li moje nevolje posljedica mojega pogrešnog razmišljanja?"

❖ ❖ ❖

Shvativši koji teret preuzima svetac kako bi pomogao drugima, jedan je student upitao Paramahansajija:

„Gospodine, zasigurno ćete, kada za to dođe vrijeme, biti sretni što napuštate ovu Zemlju i što se više nećete vratiti."

„Sve dok ljudi ovdje vape za pomoći, ja ću se vraćati kako bih im ponudio prijevoz čamcem prema nebeskim obalama.", odgovorio je Guru.

„Zar bih se mogao ponositi svojom pobjedom i osvojenom slobodom dok drugi i dalje pate? Spoznaja da su oni ostavljeni u bijedi (u kakvoj bih i ja bio da mi Bog nije pokazao Svoju milost) ne bi mi dopustila da u potpunosti uživam čak ni u Njegovu neopisivom blaženstvu."

❖ ❖ ❖

„Ne zauzimajte negativno stajalište prema životu.", rekao je Učitelj skupini učenika. „Zašto zavirivati u slivnike kada postoji tolika ljepota svuda oko nas? Ako baš želi, čovjek može pronaći zamjerku čak i najvećim remek-djelima umjetnosti, glazbe i književnosti. Ali, zar nije bolje uživati u njihovoj privlačnosti i veličanstvenosti?

Život ima svoju svijetlu i tamnu stranu baš kao i svijet relativnosti koji je sastavljen od igre svjetla i sjene. Dopustite li da vam misli budu uvijek usmjerene na zlo, i vi ćete sami postati loši. Vidite samo dobro u svemu kako biste i sami upili ljepotu koja će vas oplemeniti."

❖ ❖ ❖

„Učitelju, ja sam svjestan samo ovoga sadašnjeg života. Zašto nemam nikakva sjećanja na svoja prošla[*] utjelovljenja niti vidovitost o budućim događajima?", upitao je učenik. Paramahansaji je odgovorio:
„Život je poput velikog lanca u oceanu Boga. Izvučeš li samo kariku tog lanca iz vode vidljiv ti je samo taj maleni dio. Njegov početak i kraj skriveni su u dubinama. U ovom utjelovljenju vidiš tek jednu kariku tog lanca života. Prošlost i budućnost, iako nevidljivi, ostaju u dubinama Boga. On otkriva ove tajne poklonicima koji su usklađeni s Njim."

❖ ❖ ❖

„Vjerujete li u božanskost Krista?", zanimalo je posjetitelja. Učitelj je odgovorio:
„Vjerujem. Ja volim o njemu govoriti jer je on bio čovjek savršena samoostvarenja. Međutim, on nije bio *jedini* sin Božji niti je on sâm to tvrdio. Naprotiv, on

---

[*] Vidi pojam *reinkarnacija* u rječniku.

je jasno naučavao kako svi oni koji vrše volju Božju postaju, poput njega, jedno s Bogom. Nije li Isusovo poslanje na Zemlji bilo upravo to da podsjeti sve ljude kako je Gospod njihov nebeski Otac te da im pokaže put povratka k Njemu?"

❖ ❖ ❖

„Ne čini se ispravnim što nebeski Otac dopušta toliko nevolje u svijetu.", primijetio je student. Paramahansaji je odgovorio:

„Božji plan ne uključuje nikakvu okrutnost jer u Njegovim očima ne postoje dobro ni zlo – već samo slike koje stvara igra svjetla i sjene. Gospodova namjera bila je da i mi promatramo dvojne prizore života poput Njega – uvijek radosnoga Svjedoka ove zadivljujuće kozmičke predstave.

Čovjek se pogrešno poistovjetio s pseudodušom ili egom. Jednom kada svijest o svojoj istinskoj prirodi preusmjeri s ega na božansku iskru-besmrtnu dušu, tada će čovjek shvatiti kako je sva patnja u stvari – nestvarna. On tada više neće moći niti *zamisliti* stanje patnje."

Guru je još dodao: „Velikim duhovnim učiteljima koji dolaze na Zemlju kako bi pomogli napaćenoj i smetenoj braći Bog dopušta da u određenoj mjeri podijele dio patnje čovječanstva, no suosjećajno sudjelovanje u ljudskim osjećajima ne remeti dublje razine njihove svjesnosti u kojoj sveci imaju iskustvo jedino nepromjenljiva blaženstva."

❖ ❖ ❖

Učitelj je poklonicima često govorio: „Pjesma koju morate neprestano i nečujno pjevušiti jest: 'Bože moj, ja bit ću uvijek Tvoj!'"

❖ ❖ ❖

Poklonik je odlučio napustiti duhovnu školu. Na odlasku rekao je Paramahansajiju:
„Uvijek ću meditirati i slijediti Vaša učenja bez obzira na to gdje se nalazim."
„Ne, ti nećeš biti u stanju to učiniti.", bio je Učiteljev odgovor. „Tvoje je mjesto ovdje. Vratiš li se starom načinu života, zaboravit ćeš duhovni put."
Student je otišao. Nije uspio nastaviti s meditacijom i prepustio se svjetovnim aktivnostima. Guru je žalio za svojom „izgubljenom ovcom". Učenicima je rekao:
„Zlo posjeduje snagu. Ako mu se prepustite, ono će vas držati u šaci. Napravite li pogrešan korak, odmah se vratite na ispravan put."

❖ ❖ ❖

„Kaže li vam neki čovjek: 'Ja sam Bog.' smatrat ćete da ne govori istinu.", rekao je Učitelj skupini studenata. „Ali zato svi s pravom možemo reći: 'Bog je postao ja.' Od koje bismo druge tvari i mogli biti napravljeni? On je jedino tkanje cijeloga Stvaranja. Prije nego što je stvorio pojavni svijet, ništa nije postojalo osim Njega u obličju Duha. On je iz svojega Bića stvorio sve: svemir i sve ljudske duše."

❖ ❖ ❖

„Trebam li čitati knjige?", pitao je učenik.

„Proučavanje svetih spisa nadahnut će te kako bi s još većim žarom tragao za Bogom, ali samo ako budeš polagano čitao redak po redak i pokušao stvarno upiti njihovo duboko značenje.", odgovorio je Učitelj. „Čitanje Svetog pisma bez pridržavanja onoga što u njemu piše vodi taštini, lažnom osjećaju zadovoljstva i onome što ja nazivam 'lošom intelektualnom probavom'.

Mnogi ljudi moraju čitati knjige svjetovnoga sadržaja jer o tome ovisi njihov poziv, no onaj tko je poput tebe izabrao put odricanja, ne bi trebao čitati knjige koje nisu prožete istinskom duhovnošću i na čijim stranicama nema Boga."

❖ ❖ ❖

„Prolazi li Stvaranje doista kroz evolucijski razvoj?", upitao je učenik.

„Pojam evolucije usadio je Bog u čovjekov um i on je istinit u svijetu relativnosti.", odgovorio je Učitelj. „U stvari se sve zbiva u sadašnjosti. Duh ne poznaje evoluciju, baš kao što nema promjene u snopu svjetlosti kroz koji se projiciraju raznorazni prizori filma koji gledamo u kinu. Gospod može vrtjeti film unatrag ili naprijed, no u stvari se sve događa u vječnome *sada*."

❖ ❖ ❖

„Znači li pridržavanje pravila da treba raditi za Boga, a ne za sebe, istodobno i to da nije dobro biti ambiciozan?" glasilo je pitanje jednog učenika.

„Ne, već da svoju ambiciju moraš pokazivati u radu za Boga.", rekao je Učitelj. „Ako imaš slabu volju i nemaš nikakve ambicije, tada si praktički mrtav. No pazi da te tvoja ambicija ne odvede prema svjetovnim vezanostima.

Htjeti postići neke stvari samo za sebe je destruktivno, raditi za dobrobit drugih pridonosi tvojemu razvoju, no raditi ono što će zadovoljiti Boga, to je najbolji pristup. On će te odvesti izravno do božanske Prisutnosti."

❖ ❖ ❖

„Privlači me život u duhovnoj školi,", rekao je čovjek Paramahansajiju: „ali oklijevam kada je u pitanju odricanje od moje slobode."

„Dok ne postigneš spoznaju Boga, jedva da posjeduješ ikakvu slobodu.", odgovorio je Učitelj. „Tvojim životom upravljaju iznenadni porivi, promjene raspoloženja, nagle odluke, navike i okolina. Slušajući savjet gurua i prihvaćajući stegu koju ti on nameće, ti se postupno oslobađaš robovanja osjetilima. Sloboda predstavlja mogućnost djelovanja prema naputku duše, a ne pod utjecajem raznoraznih želja i navika koje nas i protiv naše volje tjeraju na određene postupke. Povlađivanje egu vodi u ropstvo, djelovanje u skladu s dušom donosi oslobođenje."

❖ ❖ ❖

„Gospodine, postoji li uz *Kriya* jogu još neka znanstvena metoda koja može poklonika odvesti Bogu?", zanimalo je studenta.

„Da.", odgovorio je Učitelj. „Siguran i brz put do Beskonačnog je usmjeravanje pozornosti na centar Kristove Svijesti[*] koji se nalazi između obrva."

---

[*] Vidi *duhovno oko* u rječniku.

❖ ❖ ❖

„Je li pogrešno sumnjati? Ja ne želim slijepo vjerovati.", rekao je student. Učitelj je odgovorio:

„Postoje dvije vrste sumnje: razorna i stvaralačka. Razorna sumnja predstavlja skepticizam iz navike. Ljudi s takvim stajalištem u stvari ne vjeruju slijepo, oni kategorički odbijaju prihvatiti nepristrano istraživanje. Skepticizam je poput smetnji u prijmu radiostanice koje čovjeku ne dopuštaju slušanje programa istine.

Stvaralačka sumnja predstavlja razumno preispitivanje i nepristrano promišljanje. Osobe koje imaju ovakvo stajalište ne robuju predrasudama i ne prihvaćaju samo tako mišljenja drugih. Na duhovnom putu takvi ljudi temelje svoje zaključke na provjeri i osobnom iskustvu; to je ispravan pristup istini."

❖ ❖ ❖

„Zašto bi vam se Bog samo tako ukazao?", rekao je Učitelj na jednom predavanju. „Vama koji tako naporno radite kako biste zaradili novac, a koji jedva da poduzimate ikakav napor kako biste Ga spoznali! Sveti ljudi Indije govore nam kako bi bila dovoljna samo dvadeset i četiri sata neprestane, ničim ometane, molitve, i Gospod bi nam došao, ili nam na bilo koji drugi način dao do znanja da je uz nas. Ako odvojimo svaki dan barem sat vremena za duboku meditaciju, On će nam u dogledno vrijeme doći."

❖ ❖ ❖

Paramahansaji je savjetovao jednom učeniku intelektualnih sklonosti da pokuša razviti predanost. Vidjevši kako mladić pokazuje napredak u tom smjeru, Učitelj mu je jednoga dana s ljubavlju rekao:
„Drži se čvrsto puta predanosti. Kakva li je samo 'suša' vladala tvojim životom dok si ovisio samo o razumu!"

❖ ❖ ❖

„Želje su najneobuzdaniji čovjekovi neprijatelji, one su u biti neutažive.", rekao je Učitelj. „Imajte samo jednu želju: upoznati Boga. Udovoljavanje osjetilnim željama nikad vas neće zadovoljiti jer vi niste osjetila. Ona su vaši sluge, a nikako ne vaše Jastvo."

❖ ❖ ❖

Paramahansaji je sa skupinom učenika sjedio pokraj kamina u dnevnoj sobi duhovne škole i govorio im o duhovnim temama:

„Zamislite dvojicu ljudi. S njihove desne strane nalazi se Dolina života, a s njihove lijeve strane je Dolina smrti. Oba čovjeka su razumna, ali jedan odlazi udesno, a drugi ulijevo. Zašto? Zato što je jedan ispravno upotrijebio svoju sposobnost rasuđivanja, a drugi je pogrešno primijenio tu istu sposobnost i tako prihvatio pogrešno razmišljanje."

❖ ❖ ❖

„Učitelju, dr. Lewis je bio vaš prvi učenik u Americi, zar ne?"

Paramahansaji je odgovorio: „Tako kažu." Vidjevši zbunjenost u očima čovjeka koji ga je to pitao, Učitelj je dodao: „Ja nikada ne govorim o drugima kao o svojim učenicima. Bog je Guru, oni su *Njegovi* učenici."

❖ ❖ ❖

Jedan je student bio ogorčen činjenicom da novine na naslovnicama donose uglavnom vijesti o nesrećama i zlu u svijetu.

„Zlo se širi s vjetrom.", rekao je Učitelj. „Istina, pak, može putovati i protiv vjetra."

❖ ❖ ❖

Mnoge je ljude zanimalo koliko godina ima Učitelj. Oni bi se tada nasmijao i rekao:

„Ja ne znam što je to dob. Postojao sam i prije atoma, prije zore Stvaranja."

Učenicima je dao savjet:

„Uvijek si ponavljajte ovu istinu: 'Ja sam beskonačni Ocean koji je postao mnoštvo u valovima. Ja sam vječan i besmrtan. Ja sam Duh.'"

❖ ❖ ❖

„Što održava Zemlju na njezinoj putanji oko Sunca?", upitao je Paramahansaji učenika.

„Centripetalna sila u obliku gravitacijskog privlačenja Sunca, Gospodine, sprečava Zemlju da se ne izgubi u svemirskom prostranstvu.", bio je mladićev odgovor.

„Što onda sprječava Zemlju da se potpuno približi Suncu?", bilo je sljedeće Učiteljevo pitanje.

„To je centrifugalna sila koja Zemlju drži na stalnoj udaljenosti od Sunca."

Učitelj se na to znakovito nasmiješio. Kasnije je poklonik uvidio kako je Paramahansaji u stvari svojim pitanjima mislio na slikovitu predodžbu o privlačnoj sili Sunca kao o Bogu te o egoističnom čovjeku kao Zemlji koja se „drži na udaljenosti".

❖ ❖ ❖

Jedan je student pokušavao misaonim postupkom dokučiti što je to Bog. Učitelj je rekao:
„Nemojte misliti da beskonačnoga Gospoda možete shvatiti razumom. Razum može pojmiti samo pojavne stvari podložne načelu uzroka i posljedice. Razum je nemoćan kada je u pitanju shvaćanje transcendentalne istine i prirode Neuzrokovanoga Apsoluta.
Čovjekovo najuzvišenije sredstvo spoznaje nije razum već intuicija, to je znanje koje nam duša daje u trenu i spontano, za razliku od nepouzdanih informacija koje primamo osjetilima i obrađujemo razumom."

❖ ❖ ❖

Nastojeći smiriti prepirku između dvojice studenata Učitelj je rekao: „Čovječanstvo ima samo jednoga stvarnog neprijatelja – neznanje. Trebamo svi raditi zajedno u smjeru njegova uništenja tako što ćemo pomagati jedni drugima i bodriti se međusobno na tom putu."

❖ ❖ ❖

„Kako se Bog, koji je Neočitovani Apsolut, može pojaviti pokloniku u vidljivu obliku*?", upitao je čovjek. Učitelj je rekao:

„Ako sumnjaš, nećeš vidjeti, ako pak vidiš, nećeš sumnjati."

❖ ❖ ❖

„Ali, Gospodine,", žalio se učenik: „nisam znao da će moje riječi toliko rastužiti M.." Učitelj je odgovorio:

„Čak i kada nenamjerno prekršimo zakon ili nenamjerno povrijedimo nekoga, mi smo ipak učinili nekomu ili nečemu nažao. Naš egoizam je uzrok našemu zastranjenju. Sveci ne djeluju nepromišljeno, već uvijek vođeni mudrošću jer su se odrekli ega i našli svoj pravi smisao u Bogu."

❖ ❖ ❖

Učenik se zgražao nad osobom o čijim se zločinima nedavno pisalo u novinama.

„Meni je žao bolesna čovjeka.", rekao je Učitelj. „Zašto bih mrzio čovjeka koji je podlegao zlu? Jer on je *doista* bolestan."

* Vidi *božanska Majka* u rječniku.

Paramahansa Yogananda drži govor tijekom posvećenja kompleksa Self-Realization Fellowship Lake Shrine i Gandhi World Peace Memoriala, Pacific Palisades, Kalifornija, 1950.

❖ ❖ ❖

„Kada puknu zidovi spremnika,", rekao je Učitelj: „voda istječe u svim smjerovima. Isto tako, kada se meditacijom uklone ograničenosti uzrokovane nemirom i zabludom, čovjekova svijest se širi u beskonačnost i stapa sa sveprisutnim Duhom."

❖ ❖ ❖

„Zašto nam je Bog dao obitelj ako ne želi da njih volimo više nego ostale?", pitao je student.

„Stavljajući nas u okružje obitelji, Bog nam daje priliku da prevladamo sebičnost i da lakše počnemo misliti o drugima.", odgovorio je Učitelj. „Prijateljstva su način na koji nam On omogućava da još više proširimo simpatije prema drugim ljudima. No čak ni to nije kraj; svoju ljubav moramo širiti i dalje sve dok ne postane božanska, što znači da mora obuhvatiti sva bića posvuda. U suprotnom, kako možemo postići jedinstvo s Bogom koji je Otac svih nas?"

❖ ❖ ❖

Guruji je na vrlo dojmljiv način opisao Božju ljubav: "Jedan od prikaza Boga, i to vrlo dirljivih, jest onaj u kojemu se za Gospoda može reći da je prosjak. On moli za našu pozornost. Taj Gospodar Svemira, pred čijim pogledom drhte sve zvijezde, sunca, mjeseci i planeti, vuče čovjeka za rukav i kazuje mu: 'Zar Mi nećeš pokloniti pozornost? Zar ne voliš Mene, Davatelja, više od stvari koje sam za tebe stvorio? Nećeš li Me poći tražiti?'

Ali čovjek odgovara: 'Suviše sam zauzet, imam toliko posla. Ne mogu odvojiti vrijeme za Tebe'.

A Gospod kaže: „'Ja ću čekati.'"

❖ ❖ ❖

Učitelj je govorio o stvaranju i razlozima zbog kojih je Gospod sve ovo započeo. Učenici su postavljali mnoga pitanja u vezi s tim. Paramahansaji se nasmijao i rekao:

„Ova igra zvana život je vrhunski roman koji je napisao Bog pa čovjek nikako ne može razumom dokučiti prave razloge igre. Stoga vam i govorim da meditirate više. Tako ćete povećati svoj čarobni pehar intuicije i bit ćete sposobni ispiti ocean beskonačne mudrosti."

❖ ❖ ❖

„Koliko vidim, vi imate dvije vrste članova – one koji žive u svijetu i one koji su se odrekli svjetovnog života i žive u duhovnoj školi.", rekao je posjetitelj. „Koji od njih slijede ispravniji put?"

„Neki ljudi vole Boga tako jako i duboko da za njih ništa drugo nije važno. Takvi postaju isposnici i rade jedino za Gospoda.", odgovorio je Učitelj. „Onima koji moraju u svijetu zarađivati za kruh kako bi prehranili sebe i obitelji nije uskraćena božanska spoznaja. Njima će u prosjeku jedino trebati više vremena da nađu Boga, i to je sve."

❖ ❖ ❖

Jedan se čovjek žalio kako mu ide loše u životu. „To mora da je zbog moje karme.", rekao je. „Čini se da ni u čemu ne mogu uspjeti."

„U tom slučaju moraš se još više truditi.", odgovorio je Učitelj. „Zaboravi prošlost i imaj više vjere u Boga. On ne predodređuje našu sudbinu, a isto tako ni karma nije jedini čimbenik premda su naši životi pod *utjecajem* naših prošlih misli i djela. Ako nisi sretan načinom na koji se zbivaju stvari u tvome životu, potrudi se promijeniti svoj ustaljeni način života. Ne volim slušati ljude da se samo žale i pripisuju svoje sadašnje neuspjehe pogreškama iz prošlih života. To smatram duhovnom lijenošću. Baci se na posao i oplijevi vrt svojega života!"

♦ ♦ ♦

„Zašto Bog ne kažnjava one koji vrijeđaju Njegovo ime?", upitao je student. Učitelj je odgovorio:
„Na Boga ne djeluju ni neiskrene molitve i hvale, ni izljevi ateizma onih koji su u neznanju. Udari glavom o zid, popij sumpornu kiselinu i snosit ćeš posljedice. Prekršiš li Njegove zakone ispravnoga života, snaći će te patnja. Budeš li mislio ispravno i ponašao se plemenito, mir će zavladati tvojim životom. Ljubi Boga bezuvjetno i *On* će ti doći!"

♦ ♦ ♦

„Najveći je čovjek onaj tko sebe smatra najmanjim, kako nas je Isus učio.", rekao je Paramahansaji. „Stvarni vođa je onaj koji je prethodno naučio što znači poslušnost prema drugima, onaj tko se smatra slugom svima i koji nikada ne uzvisuje sebe. Naše divljenje ne zaslužuju oni kojima je do laskanja, ali onaj tko nam služi ima pravo na našu ljubav. Nije li Bog sluga Svojoj djeci pa ipak On za to ne traži hvale? On je isuviše velik da bi Mu takva slava nešto značila."

❖ ❖ ❖

Učitelj je davao upute voditeljima službe Self-Realization Fellowshipa koji su se pripremali za držanje propovijedi. Rekao im je:

„Prije svega, duboko meditirajte. Zatim, i dalje uronjeni u osjećaj mira koji donosi meditacija, razmišljajte o temi svojega govora. Zapišite ideje i uključite nekoliko duhovitih priča jer ljudi se vole smijati. Na kraju uvijek dajte navod iz *SRF Lekcija**. Zatim odložite zabilješke i sve zaboravite. Neposredno prije početka propovjedi pred poklonicima zamolite Duh da prožme vaše riječi. Na taj način vaše nadahnuće neće dolaziti iz ega, već od Boga."

❖ ❖ ❖

Jedna žena rekla je Guruu kako joj, unatoč redovitom pohađanju duhovne službe u hramu, Bog i dalje ostaje dalek. Paramahansaji je odgovorio:

„Kada bih ti govorio o tome kakve je boje neko voće, koliko je slatko i kako ono raste, ti bi i dalje shvaćala samo nebitne stvari o njemu. Stvarni okus voća upoznat ćeš samo ako ga sama kušaš. Slično tomu, istinu možeš

---

* Vidi u rječniku.

spoznati samo vlastitim iskustvom."

Dodao je i ovo: „Ja u tebi mogu samo potaknuti glad za božanskim voćem. Zašto ne prioneš i ne kušaš zalogaj?"

❖ ❖ ❖

„Svi smo mi valovi u okrilju Oceana.", rekao je Učitelj. „More može postojati bez valova, ali valovi ne mogu postojati bez mora. Jednako tako, Duh može postojati bez čovjeka, ali čovjek ne može postojati bez Duha."

❖ ❖ ❖

Jedan se poklonik neuspješno borio protiv svojih slabosti. Učitelj mu je rekao:
„Za sada od tebe ne tražim da prevladaš *mayu*. Sve što od tebe tražim jest da joj se *odupreš*."

❖ ❖ ❖

Novom studentu koji je izbjegavao uhvatiti se ukoštac sa životnim nedaćama Učitelj je rekao:
„Božanski Liječnik te je uputio u bolnicu zemaljskih zabluda sve dok se ne izliječiš od bolesti žudnje

za materijalnim stvarima. Tada će te otpustiti i poslati Kući."

❖ ❖ ❖

Tijekom predavanja na Istočnoj obali Učitelj je sreo jednoga poznatog poslovnog čovjeka. Tijekom razgovora čovjek mu je rekao:

„Ja sam besramno zdrav i besramno bogat."

„Ali niste i besramno sretni, zar ne?, odgovorio mu je Učitelj.

Čovjek je uvidio značenje tih riječi i postao predani student Paramahansajijevih učenja o *Kriya jogi*.

❖ ❖ ❖

Komentirajući navod iz Biblije: „Ako tko čuje moj glas i otvori vrata, ući ću k njemu i večerati s njim, i on sa mnom."[*] Učitelj je rekao:

„Krist stoji pred vratima tvoga srca, ali si ih ti svojim neshvaćanjem zatvorio."

❖ ❖ ❖

[*] Otk 3:20.

„Dobro je, Gospodine, što upravo sada propovijedate u Americi jer su ljudi nakon iskustva dva svjetska rata otvoreniji za Vašu poruku.", primijetio je čovjek koji je nedavno pročitao *Autobiografiju jednog jogija*.

„Da.", odgovorio je Učitelj. „Prije pedeset godina ljudi bi bili posve nezainteresirani. 'Sve ima svoje doba i svaki posao pod nebom svoje vrijeme.'"*

❖ ❖ ❖

Učitelj je primijetio kako su s brzim razvojem Self-Realization Fellowshipa, organizacije koju je osnovao u svrhu širenja svojega učenja, neki učenici postali potpuno obuzeti poslom. Takvima je govorio: „Nemojte nikada biti toliko obuzeti poslom da nemate vremena u sebi tiho pjevušiti Gospodu: 'Ti si moj, ja sam Tvoj!'"

❖ ❖ ❖

Učeniku koji je zapao u tužno raspoloženje Učitelj je nježno rekao:

„Kada ti se srce ubode na trn tuge, izvuci ga trnom meditacije."

---

* Prop 3:1.

❖ ❖ ❖

„Ovdje nema mjesta za dokone i lijene!", rekao je Učitelj u sklopu riječi dobrodošlice upućenima novom članu središnjice na Mt. Washingtonu. „Oni koji nemaju poleta, ne mogu naći Boga, Radnika nad radnicima u cjelokupnom Stvaranju! Bog ne pomaže onima koji misle da će On sve učiniti umjesto njih. On potajno pomaže onima koji radosno i pametno obavljaju svoje dužnosti i koji kazuju: 'Gospode, Ti si onaj koji koristi moj mozak i moje ruke.'"

❖ ❖ ❖

Studentu koji se požalio da je suviše zaposlen pa ne može meditirati, Učitelj je jasno i glasno odgovorio:
„Zamisli kako bi bilo da je Bog suviše zaposlen pa da se ne može brinuti o tebi?"

❖ ❖ ❖

„Ljudsko je tijelo božanska zamisao stvorena u umu Boga.", rekao je Učitelj. „On nas je načinio od zrake besmrtnoga svjetla[*] i obavio žaruljom fizičkoga tijela.

---

[*] „Zato, bude li ti oko zdravo, čitavo će ti tijelo biti u svjetlu." – Mt 6:22.

Mi smo svoju pozornost usmjerili na slabosti krhke žarulje umjesto da se usredotočimo na vječnu životnu energiju unutar nje."

❖ ❖ ❖

„Bog mi se čini nekako nejasnim i dalekim.", bilo je mišljenje jednoga studenta.

„Gospod ti se čini dalekim samo zato što je tvoja pozornost usmjerena na van, prema svijetu koji je On stvorio, a ne prema unutra, prema Njemu.", rekao je Učitelj. „Uvijek kada ti se um izgubi u labirintu bezbrojnih svjetovnih misli, strpljivo ga usmjeri natrag prema misli na Boga koji u tebi boravi. S vremenom ćeš uvidjeti kako je On uvijek s tobom – Bog koji ti govori tvojim jezikom, Bog čije lice proviruje iz svakog cvijeta i grma, iz svake vlati trave.

Tada ćeš reći: 'Ja sam slobodan! Odjeven sam u blistavo ruho Duha. Poliječem sa Zemlje prema nebu na krilima svjetlosti.' Kakva li će radost u tom času preplaviti tvoje biće!"

❖ ❖ ❖

„Možete li reći koliko je neka osoba duhovno napredna samo na temelju pogleda?", pitao je učenik

Paramahansajija.

„Mogu, i to odmah.", odgovorio je Učitelj tiho. „Ja vidim skrivenu stranu ljudi jer to je moja zadaća u životu. No ja ne govorim o onome što vidim jer onaj koji sebično tvrdi da zna, taj ne zna. Onaj pak koji stvarno zna, zato što poznaje Boga, taj ostaje nijem."

❖ ❖ ❖

Jedna je učenica neprestano tražila od Učitelja da joj udijeli stanje svijesti kojim će spoznati Boga, a da pritom nije činila ništa kako bi se za takvo stanje pripremila. Učitelj joj je stoga rekao:

„Onaj tko odista ljubi Boga može nadahnuti svoju zabludjelu braću i sestre da se istinski daju na put povratka k Njemu, ali oni sami moraju, korak po korak, kročiti tom stazom."

❖ ❖ ❖

Svake godine na Badnjak učenici su se zajedno s Učiteljem okupljali u središnjici na Mt. Washingtonu kako bi održali zajedničku meditaciju. Ovo sveto okupljanje protegnulo bi se na cijeli dan, katkad i do večeri. Za vrijeme božićne meditacije 1948. godine Učitelju se ukazala božanska Majka i zadivljeni učenici mogli su čuti kako razgovara s Njom. Mnogo je puta on uskliknuo uz duboki uzdah:

„Oh, kako si lijepa!"

Paramahansaji je mnogim poklonicima prenio Njezine želje vezano uz njihove živote. Iznenada je povikao:

„Nemoj ići! Kažeš da Te podsvjesne materijalne želje ovih ljudi tjeraju odavde? Oh, vrati se! Vrati se!"

❖ ❖ ❖

„Učitelju, nikada nisam mogao vjerovati u postojanje nebesa.", izjavio je novi učenik. „Postoji li doista takvo mjesto?"

„Postoji.", odgovorio je Paramahansaji. „Oni koji ljube Boga i s vjerom Mu se prepuštaju odlaze tamo nakon što umru. Na toj astralnoj razini* čovjek je u stanju istog časa materijalizirati bilo što čistom snagom misli. Astralno je tijelo sastavljeno od treperave svjetlosti. Tamo postoje boje i zvuci kojih nema na Zemlji. To je prekrasno mjesto puno ushita, ali čak ni iskustvo nebesa nije najviše stanje. Čovjek postiže stvarnu svetost tek kada nadraste sfere pojavnoga svijeta i spozna Boga, a to

---

* Vidi *astralni svjetovi* u rječniku.

znači i sebe sama, u obliku apsolutnoga Duha.

❖ ❖ ❖

„Dijamant i ugljen jednako primaju sunčevu svjetlost, ali ugljen ne može sve dok ne postane dijamant, svijetao i proziran, odražavati sunčeve zrake.", rekao je Učitelj. „Slično tome, obična osoba koja živi u duhovnoj tami ne može se ljepotom usporediti s pročišćenim poklonikom koji je u stanju odražavati svjetlost Božju."

❖ ❖ ❖

„Suzdržite se od širenja glasina i ogovaranja drugih.", rekao je Učitelj skupini učenika. „Katkad su dovoljna i dvadeset i četiri sata da se laž ukorijeni i postane besmrtna.

Jednom je sa mnom u duhovnoj školi živio čovjek koji je često govorio neistine o drugima. Jednoga je dana proširio neutemeljenu glasinu o jednome dječaku. Kada je ona stigla i do mene, šapnuo sam nekolicini bezazlenu lažnu priču o tome istom čovjeku.

On mi je prišao i ljutito rekao: 'Čuješ li što ljudi o meni govore!' Smireno sam ga saslušao i kada je završio, rekao sam mu:

'Ne sviđa ti se ovo, zar ne?'

'Naravno da ne!'
'Sada znaš kako se osjećao onaj dječak kada su drugi ponavljali laž koju su ti izmislio o njemu.' Čovjek je ostao posramljen. Ja sam nastavio: 'Ja sam započeo glasinu o tebi koju si upravo čuo. Učinio sam to kako bih te naučio pameti kada je u pitanju poštovanje drugih – to je pouka koju očito nisi mogao shvatiti ni na jedan drugi način.'"

❖ ❖ ❖

„Vaša meditacija mora biti duboka.", rekao je Učitelj skupini učenika. „Čim dopustite da vas svlada nemir, stare nevolje će se ponovno javiti: želje za seksom, vinom i novcem."

❖ ❖ ❖

„Čini mi se da čovjek ima malo slobodne volje.", primijetio je student. „Moj mi se život čini 'zadanim' na toliko načina."
„Usmjeri se prema Bogu i oslobodit ćeš se lanaca navika i okoline.", bio je Učiteljev odgovor. „Iako je tvoj život dio drame cijeloga svemira, čovjek svoju ulogu može mijenjati ako promijeni svoju svijest. Ako je čovjekovo Jastvo poistovjećeno s egom, Jastvo je njegov rob. Jastvo poistovjećeno s dušom, pak, vodi do slobode."

Međunarodna središnjica Self-Realization Fellowship/Yogoda Satsanga Society of India na Mt. Washingtonu iznad Los Angelesa u Kaliforniji.

❖ ❖ ❖

Jedan je posjetitelj središnjice na Mt. Washingtonu rekao Paramahansajiju:

„Ja vjerujem u Boga. Ali Bog mi ne pomaže."

„Vjerovanje u Boga i vjera u Boga su različite stvari.", odgovorio je Učitelj. „Vjerovanje je samo po sebi bezvrijedno ako se ne podvrgne kušnji i ako se ne živi u skladu s njim. Vjerovanje pretočeno u iskustvo postaje vjera. Zato nam prorok Malahija poručuje: '*Tada me iskušajte* - govori Jahve nad Vojskama - neću li vam otvoriti ustave nebeske i neću li izliti na vas punom mjerom blagoslov.'"[*]

❖ ❖ ❖

Jedna je studentica počinila ozbiljnu pogrešku. Ona se žalila: „Uvijek sam se držala dobrih navika. Jednostavno ne mogu vjerovati da mi se dogodila takva nesreća."

„Pogriješila si kada si se previše oslonila na dobre navike umjesto da stalno vježbaš sposobnost donošenja ispravnih odluka.", rekao je Učitelj. „Tvoje su ti dobre navike od pomoći u uobičajenim i poznatim situacijama, ali ti nisu dostatne kada iznenada iskrsne neki problem.

---

[*] Mal 3:10.

Tada je nužno ispravno prosuđivanje. Budeš li duboko meditirala, naučit ćeš kako donijeti ispravnu odluku u svakoj prilici, čak i u izvanrednim okolnostima." Dodao je i ovo:

„Čovjek nije automat pa ne može uvijek mudro živjeti samo tako što slijepo slijedi skup pravila i krutih moralnih naputaka. Kroz raznovrsnost svakodnevnih problema i događaja s kojima se susrećemo imamo priliku razviti sposobnost ispravnog prosuđivanja."

❖ ❖ ❖

Jednog je dana Paramahansaji kaznio nekog redovnika zbog lošeg ponašanja. Taj ga je učenik upitao: „Ali Vi ćete mi oprostiti, zar ne, Gospodine?"

Učitelj je rekao: „Pa što drugo mogu?"

❖ ❖ ❖

Velika skupina učenica, i mladih i starih, uživala je na izletu s Učiteljem na području ašrama Self-Realization Fellowshipa u Encinitasu, odakle se prostirao pogled na Tihi ocean. Paramahansaji je rekao:

„Zar ovo nije puno bolje od isprazne zabave kakvu provode nemirni svjetovni ljudi? Svaka od vas iz dana u dan postaje sve više ispunjena mirom i srećom. Bog želi da Njegova djeca žive jednostavnim životom i da budu zadovoljna s bezazlenim užicima."

❖ ❖ ❖

„Ne bavite se nedostacima drugih ljudi.", rekao je Učitelj. „Umjesto toga upotrijebite pastu za poliranje vlastite mudrosti kojom ćete besprijekorno očistiti i ulaštiti svoj um i misli. Vaš će primjer nadahnuti ostale da i oni očiste svoje."

❖ ❖ ❖

Dvojica učenika neopravdano su se naljutila na jednoga svog brata u duhovnoj školi i požalila su se Učitelju. On ih je saslušao u tišini. Kad su završili, rekao im je: „Promijenite sebe."

❖ ❖ ❖

„Usmjerite volju svoje djece u pravom smjeru, što dalje od sebičnosti koja im neće donijeti sreću.", rekao je Učitelj jednoj majci. „Ne ograničavajte njihovu slobodu i ne proturječite im bez potrebe. Savjetujte ih s ljubavlju i razumijevanjem, poštujući pritom njihove male želje. Ako ih budete kažnjavali umjesto da im razumno objasnite svoje stajalište, izgubit ćete njihovo povjerenje. Ako je dijete tvrdoglavo, objasnite mu svoje stajalište jednom i više mu ne govorite ništa. Pustite ga da na vlastitoj koži osjeti posljedice svoga izbora. To će ga prije naučiti pameti nego bilo kakva vaša daljnja uvjeravanja."

(I u odgajanju svoje duhovne obitelji učenika Paramahansaji je slijedio taj savjet. Pomagao je „djeci" različite dobi da usmjere vlastitu volju na pravi način. Svoje je savjete davao s ljubavlju i s punim razumijevanjem za posebnosti svake pojedine osobe. Rijetko bi ukorio ili upozorio pojedinca dvaput. Nakon što bi određenu osobu upozorio na njezine slabosti, više to ne bi spominjao.)

❖ ❖ ❖

„Teško je biti blizu mirisne ruže ili smrdljiva tvora, a da to ne utječe na nas.", rekao je Učitelj. „Zato je bolje družiti se samo s ljudima ružama."

❖ ❖ ❖

„Sviđa mi se Vaše učenje. Ali, jeste li vi kršćanin?", bilo je to pitanje čovjeka koji je prvi put razgovarao s Paramahansajijem. Guru mu je odgovorio:

„Ne kaže li Krist u Evanđelju: 'Neće svaki koji

mi govori: 'Gospodine, Gospodine!' ući u Kraljevstvo nebesko, nego onaj koji vrši volju moga nebeskog Oca.'?*

U Bibliji se pod pojmom *poganin* misli na idolopoklonika: onoga čija pozornost nije usmjerena na Gospoda, već na privlačnosti ovoga svijeta. Materijalistički usmjeren čovjek može redovito ići nedjeljom u crkvu, a da i dalje zapravo bude poganin. Pravi je kršćanin onaj tko uvijek dolijeva ulje u lojanicu svojega prisjećanja na nebeskog Oca i koji slijedi Kristov nauk.

Na tebi je da prosudiš jesam li ja kršćanin ili nisam."

❖ ❖ ❖

„Vidiš kako je dobro raditi za Gospoda.", rekao je Učitelj jednom požrtvovnom i marnom učeniku. „Osjećaj sebičnosti i samoživosti u nama je u stvari kušnja. Na volju nam je hoćemo li mudro raditi za nebeskoga Oca ili nepromišljeno, samo za sebe.

Kada radimo s ispravnim stajalištem, počinjemo shvaćati da je Gospod jedini Djelatnik, to jest, da sva snaga dolazi od Boga – jedinoga Bića."

❖ ❖ ❖

---

* Mt 7:21.

„Život je velebni san koji Bog sanja.", rekao je Učitelj.

„Ako je sve samo san, zašto je bol tako stvarna?", upitao je student.

„Snovita glava udara u snoviti zid i to izaziva snovitu bol.", odgovorio je Paramahansaji. „Usnuli nije svjestan nestvarne potke sna sve dok se iz njega ne probudi. Slično tome, čovjek je nesvjestan varke kozmičkog sna stvaranja sve dok se ne probudi u Bogu."

❖ ❖ ❖

Učitelj je naglašavao potrebu uravnotežena života s ravnomjernim udjelom aktivnosti i meditacije.

„Raditi za Boga, a ne za sebe", rekao je, „jednako je dobro kao i meditacija. Tada vaš rad pomaže vašoj meditaciji, a meditacija pomaže vašemu poslu. To je ravnoteža koja vam je potrebna. Ako samo meditirate, postajete lijeni. Bavite li se samo poslom, vaš um postaje usmjeren na svjetovne stvari pa zaboravljate Boga."

❖ ❖ ❖

„Divno se osjećamo kad pomislimo da nas Gospod sve podjednako voli.", rekao je posjetitelj: „No ne čini li se nepravednim da Mu je jednako stalo do grešnika kao i do sveca?"

„Zar je dijamant manje dragocjen ako je zaprljan blatom?", odgovorio je Učitelj. „Bog vidi nepromjenljivu ljepotu naših duša. On zna da mi nismo naše pogreške."

❖ ❖ ❖

Mnogi ljudi opiru se napretku dajući prednost izlizanim misaonim obrascima i uhodanim načinima djelovanja.

„Ja takve ljude zovem 'psihološkim kržljavcima'.", rekao je Učitelj učenicima. „Nemojte biti poput njih da anđeli ne bi rekli jednom kada umrete: 'Oh, evo još jednog kržljavca! Vratimo ga natrag na Zemlju!'"*

❖ ❖ ❖

„Koja je razlika između svjetovne osobe i zle osobe?", upitao je čovjek. Učitelj je odgovorio:

„Većina ljudi je svjetovna, a samo je nekolicina njih zla. 'Svjetovan' znači biti budalast, znači davati prednost nevažnim stvarima i ne biti svjestan Boga iz običnog neznanja. Biti 'zao' pak znači namjerno okrenuti leđa Gospodu. Malo je onih koji su takvi."

---

* Vidi pojam *reinkarnacija* u rječniku.

❖ ❖ ❖

Jedan novi učenik smatrao je kako je u stanju upiti Učiteljev nauk samo pomoću pomna proučavanja, bez vježbanja meditacije. Paramahansaji mu je rekao:
„Spoznaja istine mora niknuti iz tvoje nutrine. Ne može biti presađena izvana."

❖ ❖ ❖

„Nemojte žaliti ako ne vidite svjetlo ili sliku tijekom meditacije.", rekao je Učitelj učenicima. „U meditaciji zaronite duboko prema istinskom doživljaju blaženstva. Tako ćete doći u stvarni dodir s Bogom. Tragajte za Cjelinom, a ne za dijelovima."

❖ ❖ ❖

Jedan je učenik, nakon što je od Učitelja primio inicijaciju u *Kriya jogu*, rekao drugom učeniku:
„Ja ne vježbam *Kriyu* svaki dan. Umjesto toga pokušavam u sjećanje prizvati osjećaj radosti koji me je obuzeo kada sam prvi put primio tehniku."
Kada je Paramahansaji čuo ovu priču, nasmijao se i kazao:
„On je poput gladna čovjeka koji odbija hranu pod

izgovorom: 'Ne, hvala. Pokušavam se hraniti osjećajem sitosti koji sam osjetio nakon što sam ručao – prošli tjedan.'"

❖ ❖ ❖

„Učitelju, ja volim sve ljude.", rekla je učenica.
„Trebaš voljeti jedino Boga.", odgovorio je Paramahansaji.
Nekoliko dana poslije ista je učenica ponovno srela Gurua. On ju je upitao: „Voliš li druge ljude?"
„Svoju ljubav čuvam samo za Boga.", bio je njezin odgovor.
„Tom istom ljubavlju moraš voljeti i sve ostale."
Zbunjena, učenica je na to rekla: „Gospodine, ne razumijem Vas. Prvo mi kažete da je pogrešno sve voljeti, a zatim mi govorite kako je pogrešno bilo koga izostaviti."
„Ti se vežeš za osobnost pojedinih ljudi, a to vodi do ograničavajuće vezanosti.", objasnio je Učitelj. „Kada doista voliš Boga, onda Ga vidiš na licima svih i tek tada znaš što znači voljeti sve. Ne treba obožavati izgled i ego u drugima, već Gospoda koji je u svima njima prisutan. On je taj koji Svojim stvorenjima udahnjuje život, dražest i osobnost."

❖ ❖ ❖

Jedan je učenik poželio usrećiti Učitelja. Paramahansaji mu je odgovorio:

„Ja sam sretan onda kad vidim da si ti sretan u Bogu. Budi uvijek usidren u Njemu."

❖ ❖ ❖

„Moja želja za Bogom je izrazito jaka.", rekao je učenik. Učitelj je odgovorio:

„Najveći je mogući blagoslov osjećati u svome srcu toliku privlačnost prema Njemu. Na taj način On nam govori: 'Predugo si bio zabavljen igračkama Mojega stvaranja. Sada želim da budeš sa Mnom. Dođi kući!'"

❖ ❖ ❖

Neki od redovnika i redovnica Self-Realization reda raspravljali su s Paramahansajijem o tome od kolike pomoći može biti nošenje redovničke odjeće na putu spoznaje Boga. Učitelj je rekao:

„Ono što je bitno nije vaša odjeća, već vaše stajalište. Neka vaš samostan bude vaše srce, a vaša redovnička halja – vaša ljubav prema Bogu."

❖ ❖ ❖

Riječi mudrosti Paramahanse Yoganande

Govoreći o nepromišljenosti zbog koje su ljudi uvučeni u loše društvo, Učitelj je rekao: „Kada gulimo češnjak ili dodirujemo pokvarena jaja, to ostavlja jako neugodan miris na našim prstima koji nestaje tek nakon dugotrajna pranja."

❖ ❖ ❖

„Sve dok smo uronjeni u svijest o svojemu tijelu, mi smo poput stranaca u nepoznatoj zemlji.", rekao je Učitelj. „Naša domovina je Sveprisutnost."

❖ ❖ ❖

Skupina učenika šetala je s Učiteljem travnjakom Duhovne škole u Encinitasu odakle se prostire pogled na ocean. Vrijeme je bilo maglovito i tmurno. Netko je primijetio: „Kako li je samo hladno i sablasno!"

„Ovo na neki način sliči atmosferi u kojoj se nalazi materijalist u trenutku smrti.", rekao je Učitelj. „Njemu se čini kako iz ovoga svijeta uranja u gustu maglu, što u njemu izaziva privremeni osjećaj izgubljenosti i straha. Zatim, u skladu s vlastitom karmom, on odlazi u blistavi astralni svijet u kojem će se duhovno usavršavati, ili tone u nesvjesni san u kojemu ostaje sve do trena kada karmički nastupa povoljno vrijeme za njegovo ponovno rođenje na Zemlji.

Svijest poklonika koji istinski ljubi Boga nije uznemirena ovim prijelazom iz jednoga svijeta u drugi. On bez problema ulazi u svijet svjetla, ljubavi i radosti."

❖ ❖ ❖

„Većina je ljudi usmjerena prema materijalnom.", rekao je Učitelj. „Ako uopće i razmišljaju o Bogu, onda je to samo kako bi Ga molili za novac ili zdravlje. Rijetko se mole tražeći najveći od svih darova: da ugledaju Njegovo lice ili da budu dodirnuti i preobraženi Njegovom rukom.

Gospod poznaje sve naše misli. Zato nam Se ne otkriva sve dok se ne odreknemo i posljednje materijalne želje te Mu napokon ne kažemo: 'Oče, vodi me i prožmi me!'"

❖ ❖ ❖

„Bez obzira na koju stranu usmjerimo kompas, njegova se igla uvijek okreće k sjeveru.", rekao je Učitelj. „Isto tako pravi jogi, bez obzira na to koliko bio uključen u svjetovne aktivnosti, svoje će misli uvijek usmjeriti prema Gospodu. Njegovo srce neprestano pjeva: 'Moj Bože, moj Bože, Tebe ljubim više od svega!'"

♦ ♦ ♦

„Ne očekujte da vam u vrtu vašega duhovnog života uvijek cvjetaju ruže.", rekao je Učitelj skupini učenika. „Imajte vjere u Gospoda, u čije ste se ruke predali i koji će vam donijeti božansko ostvarenje u pravome času.

Vi ste već posijali sjeme stremljenja k Bogu. Zalijevajte ga sada predanom molitvom i ispravnim djelovanjem. Čupajte korov sumnje, neodlučnosti i učmalosti. Kada mladice božanske percepcije proklijaju, brižno ih i predano njegujte. Jednoga ćete jutra ugledati Cvijet svojega samoostvarenja."

♦ ♦ ♦

Paramahansaji je držao predavanje skupini učenika. Jadan od poklonika, koji je naoko pozorno slušao Guruove riječi, dopustio si je da mu misli odlutaju. Kada je došlo vrijeme za odlazak na počinak, Paramahansaji mu se obratio:

„Um je poput konja. Moraš ga privezati da ne odluta."

♦ ♦ ♦

Mnogi muškarci i žene, nesposobni shvatiti duhovne istine, odbijaju pomoć koju im je mudrac spreman dati.

Riječi mudrosti Paramahanse Yoganande

Oni sumnjičavo odbacuju njegov savjet. Jednoga je dana Paramahansaji uzdahnuo:
„Ljudi su tako vješti u iskazivanju svojega neznanja!"

❖ ❖ ❖

Jedan nadobudni novi student koji je očekivao rezultate preko noći bijaše razočaran kada ni nakon tjedan dana zdušne meditacije nije uspio unutar sebe otkriti znak Božje prisutnosti.
„Ako ne izroniš biser nakon nekoliko pokušaja, ne krivi za to ocean, već svoje neuspješno ronjenje.", rekao mu je Učitelj. „Još nisi zaronio dovoljno duboko."

❖ ❖ ❖

„Redovitom meditacijom", rekao je Učitelj, „spoznat ćete da u svom srcu nosite pokretni Raj."

❖ ❖ ❖

Učitelj je u većini prilika bio oličenje blagosti, ali kada je to bilo potrebno, znao je biti neumoljiv i čvrst poput stijene. Tako je jedan učenik, koji je do tada viđao samo Paramahansajijevu blagu stranu, počeo zanemarivati svoje obaveze. Guru ga je oštro prekorio.

Vidjevši zaprepaštenje u mladićevim očima zbog ove iznenadne strogosti, Učitelj je rekao:
„Kada zaboraviš uzoriti razlog zbog kojega si ovdje, moja je duhovna obveza da ispravim tvoje nedostatke."

❖ ❖ ❖

Guru je isticao važnost posvemašnje iskrenosti prema Bogu. Rekao je:
„Gospoda se ne može potkupiti brojnom pastvom u crkvi, niti bogatstvom, niti dobro sročenim propovijedima. Bog pohodi samo oltare srca onih koji su ih oprali suzama duboke predanosti i u kojim su upaljene svijeće ljubavi."

❖ ❖ ❖

Jedan je poklonik bio razočaran jer mu se činilo da drugi učenici pokazuju veći duhovni napredak u odnosu na njega. Učitelj je rekao:
„Ti gledaš na veliki pladanj umjesto u svoj tanjur. Pritom još misliš na ono što nisi dobio umjesto da razmišljaš o onome što ti je dano."

❖ ❖ ❖

Učitelj je često spominjao svoju veliku obitelj onih koji tragaju za Istinom:

„Božanska Majka mi je poslala sve ove duše kako bih mogao piti nektar Njezine ljubavi iz pehara mnogih srca."

❖ ❖ ❖

Jednom učeniku bilo je posebno stalo do toga da Guruova poruka stigne do što više ljudi. Sav bi blistao kada bi se u hramu Self-Realization Fellowshipa okupio posebno velik broj ljudi. Ali Paramahansaji mu je rekao:

„Vlasnik trgovine pomno prati koliko mu kupaca dolazi. No ja ne razmišljam na takav način kada je u pitanju naša crkva. Ja uživam u 'mnoštvu ljudskih duša' kako često znam reći, ali svoje prijateljstvo nepristrano dijelim sa svima, bez iznimke, neovisno o tome došli oni ovamo ili ne."

❖ ❖ ❖

Jednomu razočaranom učeniku Učitelj je rekao:

„Ne razmišljaj negativno. Nikad nemoj reći da ne napreduješ. Kada razmišljaš: 'Ne mogu naći Boga.', ti sam sebi izričeš presudu. Nitko drugi, samo ti, držiš Boga dalje od sebe."

❖ ❖ ❖

„Učitelju, recite mi, kojom ću molitvom najbrže prizvati božanskoga Voljenog?", upitao je poklonik iz Indije. Paramahansaji je odgovorio:
„Podari Bogu dragulje molitve koji leže duboko u rudniku tvojega srca."

❖ ❖ ❖

Učitelj je bio velikodušan i uvijek je davao ono što bi mu bilo darovano. Glede toga je rekao: „Ne vjerujem u dobrotvorne darove." Primijetivši zbunjenost na licima učenika, dodao je:
„Darivanje, u stvari, sputava ljude. Podijeliti svoju mudrost s drugima kako bi si mogli sami pomoći predstavlja veću dobrobit od bilo kakva materijalnog dara."

❖ ❖ ❖

„Loša se navika može brzo promijeniti.", rekao je Učitelj učeniku koji ga je zamolio za pomoć.
„Navika je posljedica usmjeravanja uma u određenom smjeru, što čovjeka navodi da razmišlja na određeni, zadani način. Želiš li stvoriti novu, dobru naviku, trebaš samo usmjeriti um u suprotnom smjeru."

❖ ❖ ❖

„Jednom kada naučite biti sretni u *sadašnjem trenutku*, to znači da ste pronašli pravi put do Boga.", rekao je Učitelj skupini učenika.
„Znači, vrlo malen broj ljudi živi u sadašnjosti.", primijetio je jedan od učenika.
„Točno.", odgovorio je Paramahansaji. „Većina ih živi s mislima u prošlosti ili u budućnosti."

❖ ❖ ❖

Jedan je student, nakon što je doživio mnoga razočaranja, počeo gubiti vjeru u Boga. Učitelj mu je rekao:
„Upravo u trenu kad te božanska Majka najjače udara, trebaš se još jače primiti za Njezine skute."

❖ ❖ ❖

Govoreći o štetnosti ogovaranja i širenja glasina, Učitelj je rekao skupini učenika:
„Moj guru Sri Yukteswar znao je reći: 'Ono što ne mogu reći svakome, o tome ne želim niti čuti.'"

❖ ❖ ❖

„Gospod je stvorio i čovjeka i *mayu*.", rekao je Učitelj. „Različita stanja zablude – bijes, pohlepa, sebičnost, i tako dalje – sve to su Njegovi izumi, a ne naši. On je odgovoran za planiranje različitih kušnji koje prolazimo u ovoj životnoj utrci s preponama.

„Jedan veliki svetac iz Indije ovako se običavao moliti: 'Nebeski Oče, ja nisam tražio da budem stvoren. No, budući da si me već stvorio, molim Te, oslobodi me da mogu ući u Duh Tvoj.' Ako se budete s puno ljubavi molili Bogu na ovaj način, On neće imati druge nego da vas odvede Kući."

❖ ❖ ❖

„Ne dajte se zavesti pohvalama koje vam upućuju usputni poznanici koji vas ne poznaju dobro.", rekao je Učitelj. „Umjesto toga tražite iskreno mišljenje pravih prijatelja – onih koji vam nastoje pomoći da se usavršite i koji vam nikada neće laskati ili prešutjeti vaše slabosti. Bog je onaj koji vas vodi uz pomoć iskrenosti pravih prijatelja."

❖ ❖ ❖

U Centar na Mt. Washingtonu stigoše dvojica studenata kako bi pohađali duhovnu školu. Ostali poklonici stekli su vrlo visoko mišljenje o njima. Međutim, nije prošlo dugo, a ta dvojica napustiše školu. Učitelj je tada rekao stanovnicima ašrama:

„Vi ste bili pod dojmom njihova izvanjskog ponašanja, no ja sam promatrao njihove misli. Iznutra, oni su bili poput divljih konja premda su izvana poštovali sva pravila. Dobro ponašanje neće potrajati ako čovjek ne uspije pročistiti svoj um."

❖ ❖ ❖

Jednog je čovjeka Paramahansaji duboko privlačio premda nije htio slušati njegove savjete. Učitelj je rekao:

„Ne mogu se ljutiti na njega jer, iako on čini mnoge pogreške, njegovo srce itekako čezne za Bogom. Kada bi mi on to samo dopustio, ja bih ga vrlo brzo doveo do božanskoga Doma. Ipak, s vremenom, on će stići tamo. On je poput *Cadillaca* koji se zaglavio u blatu."

❖ ❖ ❖

Jednome nezadovoljnom studentu Učitelj je rekao:

„Nemoj sumnjati jer će te u suprotnom Bog udaljiti iz duhovne škole. Ovamo toliki dolaze u potrazi za čudima. Ali duhovni učitelji ne pokazuju moći koje im je Bog dao osim ako im On to ne naredi. Većina ljudi ne shvaća da bi najveće od svih čuda bilo ono kada bi oni promijenili svoj život i skrušeno se uskladili s Njegovom voljom."

❖ ❖ ❖

"Bog vas je poslao ovamo s razlogom.", rekao je Učitelj. "Djelujete li vi u skladu s tim? Došli ste na Zemlju ispuniti božansku zadaću. Razmislite o izvanrednoj važnosti toga! Ne dopustite da vas uskogrudni ego omete u ostvarenju toga golemog zadatka."

❖ ❖ ❖

Jedan je učenik razloge neuspjeha svojega duhovnog napretka pronalazio u nemogućnosti svladavanja vlastitih slabosti.
Intuitivno naslućujući dublji razlog toga, Paramahansaji mu je rekao:
"Bog ti ne zamjera tvoje slabosti. On ti zamjera tvoju nezainteresiranost."

❖ ❖ ❖

Kada je Učitelj napuštao Boston 1923. g. i kretao na put diljem Sjedinjenih Država radi širenja učenja Self-Realization Fellowshipa, jedan od njegovih studenata mu je rekao:

„Gospodine, osjećat ću se bespomoćan bez Vašega duhovnog vodstva." Učitelj je odvratio:

„Nemoj se oslanjati na mene. Osloni se na Boga."

❖ ❖ ❖

Neki su učenici u ašramu imali običaj vikendima posjećivati stare prijatelje. Njima je Učitelj rekao:

„Na taj način samo tratite vrijeme i postajete nemirni. Ovamo ste došli da biste spoznali Boga pa u stvari zavaravate sami sebe tako što zaboravljate svoj glavni Cilj. Zašto tragate za ispraznim druženjima u vanjskom svijetu? Pronađite Gospoda i uvidjet ćete što ste do sada propustili!"

❖ ❖ ❖

Dvojica učenika često su se družila u duhovnoj školi. Učitelj im je rekao:

„Ograničavajuće je vezati se u društvu samo s jednom ili s nekolicinom osoba, a sve ostale isključiti. Na taj način sprječavate rađanje osjećaja ljubavi i prijateljstva prema svima. Trebate proširiti granice svoje privrženosti. Posijte posvuda svoju ljubav prema Bogu koji je posvuda."

❖ ❖ ❖

Gledajući zvjezdano nebo jedne večeri tijekom šetnje sa skupinom učenika, Učitelj je rekao:

"Svatko je od vas napravljen od mnogih sićušnih zvijezda – zvjezdanih atoma! Kada bi se vaša životna sila oslobodila okova ega, vaša bi se svijest proširila na cijeli svemir. Kada veliki poklonici umru, oni osjećaju da im se svijest beskonačno širi prostorom. To je prekrasno iskustvo."

❖ ❖ ❖

Pastvi hrama Self-Realization Fellowshipa u San Diegu Učitelj je rekao:

"Neka vas ova crkva podsjeća na vašu vlastitu katedralu srca u koju možete ući usred noći kao i u zoru. U njoj možete slušati moćne orgulje *Auma* i čuti propovijed božanske Mudrosti."

❖ ❖ ❖

Jedne večeri u razgovoru s učenicima Učitelj je rekao:

"Posjedovanje materijalnih stvari ne znači mi ništa, ali izrazito držim do prijateljstva. U istinski prijateljskom odnosu čovjek može naslutiti odsjaj Prijatelja nad Prijateljima." Nakon kratke stanke, nastavio je: „Nikad ne budite neiskreni prema prijatelju i nemojte nikoga prevariti. Učiniti takvo što znači počiniti najveći grijeh pred božanskim Sudom."

❖ ❖ ❖

Paramahansaji se upravo spremao poći iz Centra na Mt. Washingtonu kako bi održao predavanje, no zadržao se nekoliko minuta u razgovoru s jednim učenikom. Rekao mu je:

„Dobra je stvar voditi misaoni dnevnik. Svake večeri prije odlaska na počinak sjedni načas i razmisli o proteklom danu. Pokušaj vidjeti u kojem smjeru ide tvoj život. Sviđa li ti se to što postaješ? Ako ne, promijeni se."

❖ ❖ ❖

Učitelju je bio darovan televizijski prijamnik. Postavljen je u prostoriju u kojoj su se svi učenici mogli služiti njime. Ubrzo su svi gotovo stalno dolazili gledati TV-program. To je navelo Učitelja da im kaže:

„Sve dok niste pronašli Boga, bolje je ne baviti se zabavom. Tražeći zabavne sadržaje, zaboravit ćete na Njega. Najprije naučite kako Ga voljeti i kako Ga upoznati. Kada vam to uspije, neće više biti bitno što radite jer će u vašim mislima ionako stalno biti On."

❖ ❖ ❖

„Prepuštanje osjetilnim užicima na kraju uvijek vodi u zasićenost i gađenje.", rekao je Učitelj. „Ta stalna dvojna iskustva čine čovjeka ćudljivim i nepouzdanim. *Mayu* ili stanje zablude upravo karakteriziraju takvi parovi suprotnosti. Meditacijom o Bogu, koji je vrhunsko Jedinstvo, poklonik oslobađa svoj um od tih naizmjeničnih valova užitka i patnje."

❖ ❖ ❖

„Učitelju, kada budem stariji i kada budem proživio dovoljno toga, tada ću se odreći svega i poći putem spoznaje Boga. Sada je još uvijek toliko toga preda mnom što moram upoznati i iskusiti.", bile su riječi jednoga studenta.

Nakon što je on napustio duhovnu školu Učitelj je primijetio:

„On i dalje vjeruje da je seks isto što i ljubav te da bogatstvo leži u materijalnim stvarima. Na taj način postat će razočaran i životom i ljudima, a od materijalnih stvari neće mu ostati ništa. U takvim okolnostima čovjek iznenada odlučuje da se 'odriče svega'. Gospod baš i ne cijeni takvu vrstu odricanja. Ovaj student koji je upravo napustio duhovni put neće biti spreman 'odreći se svega' sve dok ne izgubi sve materijalno, a tada se i neće imati čega odreći!"

❖ ❖ ❖

„Čini se krajnje nepraktičnim misliti o Bogu sve vrijeme.", primijetio je posjetitelj. Učitelj je odvratio:
„Svijet se slaže s tobom, no zar je svijet zato sretno mjesto? Istinska radost izmiče čovjeku koji se odriče Boga jer On je Blaženstvo samo. Njegovi poklonici na Zemlji žive u raju unutarnjeg mira, a oni koji Ga zaboravljaju provode dane u samonametnutom paklu nesigurnosti i razočaranja. 'Sprijateljiti se s Bogom' znači biti itekako praktičan!"

❖ ❖ ❖

Paramahansaji je zamolio učenika da obavi neki posao u pustinjskom utočištu Self-Realization Fellowshipa. Taj je poklonik nerado otišao na novi posao zabrinut zbog dužnosti koje je trebao ostaviti u Centru na Mt. Washingtonu.
„Tvoj novi posao u pustinjskom utočištu je jedina

stvar o kojoj se trebaš brinuti sada.", rekao mu je Učitelj. "Ne smije te pratiti osjećaj vezanosti ni prema čemu. Svaku promjenu trebaš prihvatiti smireno i bez strasti te prionuti na posao u novim okolnostima s osjećajem božanske slobode.

Kada bi mi Bog danas rekao: *Dođi kući!*, ja bih istoga časa, bez razmišljanja, ostavio sve svoje obveze ovdje – organizaciju, zgrade, planove, ljude – i brže bolje pošao za Njim. Briga o funkcioniranju ovog svijeta, to je Njegova dužnost. On je Djelatnik, a ne ti ili ja."*

❖ ❖ ❖

"Guruji," upitao je učenik: "kada biste se mogli vratiti u prošlost, u trenutak kada Vam je Vaš Učitelj rekao da trebate raditi s ljudima i osnovati duhovnu organizaciju, biste li ponovno na to pristali – sada kada znate koliki je to napor i kolika odgovornost leži u brizi o tako mnogo ljudi?"

Učitelj je odgovorio:

"Da, bih, jer takav nas rad uči nesebičnosti."

❖ ❖ ❖

---

* Vidi *ego* u rječniku.

Paramahansajiju su često postavljali vječno pitanje o tomu zašto Bog dopušta patnju. On bi uvijek sa strpljenjem objašnjavao:

„Patnja je posljedica naše zloporabe slobodne volje koju nam je Bog dao i kojom sami odlučujemo hoćemo li Ga prihvatiti ili ne. On ne želi da mi patimo, ali neće se miješati ako mi krenemo putem koji će nas odvesti u jad i nevolje.

Ljudi slabo mare za mudre savjete svetaca, ali itekako očekuju čuda koja će ih spasiti kada upadnu u probleme. Bog je svemoguć, ali On isto tako zna da se ljudska ljubav i dobro ponašanje ne mogu kupiti čudima.

Bog nas je poslao u ovaj svijet kao Svoju djecu i želi da Mu se u toj božanskoj ulozi vratimo natrag. Taj se ponovni susret ne može dogoditi ako mi ne pokažemo volju za tim. Nema te sile ni na Nebu ni na Zemlji koja to može učiniti umjesto vas. Ali, kada vi uputite istinski zov duše, Bog vam šalje gurua koji će vas odvesti iz divljine patnje natrag u božji Dom vječne radosti.

Gospod vam je dao slobodnu volju, stoga On ne može djelovati kao tiranin. Iako Svemoguć, On vas neće osloboditi iz kruga patnje ako ste vi odlučili krenuti putem zlodjela. Zar bi bilo pošteno očekivati da vas On izbavi dok istodobno vi mislite i djelujete suprotno Njegovim zakonima? Tajna sreće leži u postupanju u skladu s moralnim načelima koja je On dao u Deset zapovjedi."

❖ ❖ ❖

Paramahansaji je često znao upozoravati učenike na opasnost od duhovne lijenosti. „Minute su puno važnije od godina.", govorio je. „Ne budete li ispunjavali svaku minutu svojega života mislima o Bogu, u međuvremenu će vam pobjeći silne godine, a onda, kada Ga budete najviše trebali, možda nećete biti sposobni osjetiti Njegovu prisutnost. Međutim, ispunite li minute svojega života duhovnim težnjama, automatski će i vaše godine biti ispunjene istim."

❖ ❖ ❖

U drevnoj se Indiji pojam *guru* odnosio samo na kristolike, prosvijetljene duhovne učitelje sposobne prenijeti božansku spoznaju učenicima. Slijedeći naputke iz svetih spisa, a radi prijemljivosti za duhovne istine, poklonici su pristajali na potpunu poslušnost tijekom duhovnog školovanja kod svetog učitelja. Ljudi na Zapadu katkad nisu gledali s razumijevanjem na ovakvo dobrovoljno podvrgavanje vlastite slobode volji drugoga čovjeka. Takvima je Učitelj rekao:

„Kada čovjek pronađe svojega Gurua, on mu *mora*

pokazati bezuvjetnu predanost jer Guru utjelovljuje božjega Poslanika. Guruova je isključiva uloga omogućiti učeniku spoznaju Boga. Ljubav koju pritom prima od učenika Guru predaje Bogu. Kada duhovni učitelj naiđe na učenika koji je usklađen s njim, on ga može puno brže poučavati nego osobu koja mu se suprotstavlja.

Ja nisam vaš vođa, već vaš sluga. Ja sam prašina na vašim stopalima. Ja vidim Boga u svakome od vas i stoga vam se svima klanjam. Jedino što vam želim reći jest koliku radost osjećam u Njegovoj prisutnosti. Ja nemam nikakvih osobnih težnji, sve čemu težim usmjereno je na to da podijelim svoju duhovnu radost sa svim ljudima na Zemlji."

❖ ❖ ❖

Obraćajući se stanovnicima ašrama, Sri Yogananda je rekao: „Kada se čovjek odluči na duhovni život, on postaje poput maloga djeteta – ne ljuti se ni na koga, ne osjeća vezanost ni prema čemu, jednostavno je pun života i radosti. Ne dopustite da vas išta povrijedi ili uznemiri. Budite mirni iznutra i sposobni čuti božanski Glas. Slobodno vrijeme provodite u meditaciji.

Nikada nisam doživio niti jedan užitak u svijetu koji bi se mogao mjeriti s duhovnom radošću koju donosi

Kriya joga. Ne bih je mijenjao ni za sve udobnosti zapadnjačkoga načina življenja niti za sve zlato ovoga svijeta. *Kriya joga* mi je omogućila da svoju sreću uvijek nosim sa sobom."

❖ ❖ ❖

Učitelj je znao na nezaboravan način riječima oslikati važnu duhovnu poruku. Jednom je primijetio: „Život se umnogome može ovako opisati: upravo ste pripremili stol za opuštajući objed u prirodi kadli iznenada, odnekud, iskoči medvjed i prevrne vam stol, a vi ste prisiljeni pobjeći. Ljudi upravo tako vode svoj život: rade za ono malo radosti i sigurnosti, a onda ih snađe 'medvjed Bolest', izda ih srce i više ih nema.

Zašto pristati na tako nesiguran život? Dopustili ste da vama zagospodare same nevažne stvari. Bavite se raznim poslovima koji vas zarobljuju i na njih gubite vrijeme. Koliko li vam je već godina prošlo na taj način? Zašto dopustiti da vam i ostatak života proleti bez duhovnog napretka? Ako već danas donesete odluku da vas nijedna zapreka neće pokolebati, tada ćete dobiti snagu da te iste zapreke i svladate."

❖ ❖ ❖

„Lijena osoba nikada ne nalazi Boga.", rekao je Učitelj. „Čovjek koji se ničim ne bavi postaje lak plijen vragu. Vidio sam puno *sanyasina* (redovnika) koji su se odrekli bilo kakva rada i završili kao obični prosjaci. Osobe koje zarađuju za život bez želje za uživanjem plodova svojega rada, želeći jedino i samo Boga, oni su pravi odricatelji od svijeta. Vrlo je teško odricati se na taj način, ali kada toliko volite Boga da vam je na umu samo to da Njega usrećite, vi ste tada istinski slobodni.

Kada razmišljate: 'Ja radim samo za Boga.', vaša ljubav postaje tako velika da vas cijelog obuzme i vi nemate nijedne druge misli ni cilja osim služiti Mu i obožavati Ga."

❖ ❖ ❖

„Gledajte oltar Božji koji je u zvijezdama, ispod zemlje i iza odjeka vaših osjećaja.", rekao je Učitelj. „On, koji je zanemarena Stvarnost, skriven je posvuda. Ako budete postojani na svojemu duhovnom putu i budete li redovito meditirali, ugledat ćete Ga u zlatnoj halji svjetlosti koja se širi Vječnošću. Iza svake svoje misli osjetit ćete Njegovu blaženu prisutnost.

O Bogu ne treba samo govoriti. Mnogi su govorili o Njemu, mnogi su razmišljali o Njemu, mnogi su čitali o Njemu. Ali samo ih je nekolicina okusila Njegovu radost. Samo oni zaista poznaju Boga. A jednom kada Ga spoznate, više ne stojite po strani štujući Ga – vi postajete jedno s Njim. I vi tada, poput Isusa i drugih velikih duhovnih učitelja, možete reći: 'Ja i moj Otac smo Jedno.'"

❖ ❖ ❖

Učitelj je rekao: „Ako proniknete duboko kroz svoje duhovno oko[*], ući ćete u područje četvrte dimenzije[†] koja sva blista čudesnim prizorima unutarnjega svijeta. Teško se onamo stiže, ali kako li je samo lijepo tamo!

Nemojte se zadovoljiti samo s malo mira proizašlog iz svoje meditacije, već vapite snažno i neprestano za Njegovim blaženstvom. Dok drugi spavaju ili udovoljavaju svojim željama, vi danonoćno šapćite: 'Moj Gospode, moj Gospode, moj Gospode!' S vremenom On će rasplamsati i razgrnuti vašu tamu i vi ćete Ga upoznati. Ovaj je svijet tako neugodno mjesto u usporedbi s dražesnim područjem Duha. Uklonite zapreke koje vam stoje na putu božanskoga uvida svojom odlučnosti, predanosti i vjerom."

---

[*] Vidi u rječniku.
[†] Vidi *astralni svjetovi* u rječniku.

❖ ❖ ❖

„U vrijeme Božića u eteru su prisutne snažne vibracije Kristove svijesti.", rekao je Učitelj. „Oni koji su svojom predanošću i dubokom znanstvenom meditacijom stekli potrebnu otvorenost, sposobni su osjetiti te duhovne titraje. Od najvećega je duhovnog značenja za svakog čovjeka, bez obzira na to kojoj vjeri pripada, da iskusi unutar sebe to 'rađanje' univerzalnoga Krista.

Svemir je Njegovo tijelo unutar kojeg je posvuda prisutna Kristova svijest. Kada zatvorite oči i u meditaciji proširite svoju svijest sve dok ne osjetite da je čitav svemir vaše tijelo, tada se Krist rađa unutar vas. Dok iza tame svojih zatvorenih očiju gledate to božansko svjetlo, pred vama nestaje svaki oblak neznanja.

Pravo iskazivanje ljubavi i štovanja prema Kristu dolazi najprije duhovno, tj. meditacijom, a zatim putem obličja, tj. prepoznavanja Njegove prisutnosti čak i u materijalnom svijetu. Trebate meditirati o stvarnom značenju Kristova dolaska i osjetiti njegovu svijest koju ste privukli k sebi magnetom vaše predanosti. To je stvarna svrha Božića."

❖ ❖ ❖

Uravnoteženost je ključni pojam u Paramahansajijevu

učenju. „Ako redovito i duboko meditirate, vaš će se um sve više i više usmjeravati na Boga.", rekao je. "Ne smijete, međutim, zanemariti svoje dužnosti u svijetu. Kada naučite obavljati svoje poslove smirena uma, to će vam omogućiti da ih obavljate brže, s većom koncentracijom i učinkovitosti. Tada ćete uvidjeti da, što god radili, svaki vaš posao je prožet božanskom Sviješću. Ovo se postiže tek nakon redovite i duboke prakse meditacije, kada ste svoj um doveli u red tako da bude sposoban okrenuti se Bogu odmah nakon što ste završili sa svojim obvezama koje ste obavili s mišlju kako time služite isključivo Njemu."

❖ ❖ ❖

„Pokajanje ne znači samo izražavanje žaljenja zbog pogrešnih djela već i suzdržavanje od ponavljanja istih pogrešaka.", rekao je Učitelj. „Kada se iskreno pokajete, to znači da ste odlučni oduprijeti se zlu. Srce je često vrlo grubo, ne može ga se lako ganuti. Smekšajte ga molitvom. To će vam donijeti božanski blagoslov."

❖ ❖ ❖

„Neka vas vodi mudrost.", rekao je Učitelj. „Pogreške iz prošlosti posijale su svoje sjeme u vašemu umu. Ako spalite to sjeme mudrošću, ono će postati 'spreženo' ili jalovo. Ne možete postići oslobođenje sve dok ne spalite sjeme prošlih djela u vatri mudrosti i meditacije. Želite li uništiti loše učinke prošlih djela, meditirajte. Ono što je učinjeno možete poništiti. Ne napredujete li duhovno unatoč svojim pokušajima, ne smijete odustati, već se morate potruditi još više. Kada vaši sadašnji napori u tom smjeru nadjačaju karmu vaših prošlih djela, vi postajete slobodni."

❖ ❖ ❖

Na jednom predavanju Paramahansaji je rekao: „Krist nam je govorio da 'ljubimo bližnjega svoga kao sebe sama.' Ali ako ne posjedujete duhovnu spoznaju koja vam omogućava da stvarno pojmite 'sebe' u svim ljudima, ne možete slijediti ovu Kristovu zapovijed. Ja ne pravim razliku među ljudima jer u svakom vidim dijete Božje. Ni o kome ne mogu razmišljati kao o strancu.

Jednom su me u New Yorku zaustavila trojica pljačkaša. Rekao sam im: 'Želite novac? Uzmite ga.' i ispružio sam im lisnicu. Bio sam u nadsvjesnom stanju. Njih trojica nisu je uzeli. Na posljetku, jedan od njih reče: 'Ispričavamo se. Ne možemo to učiniti.' I zatim su pobjegli.

Drugom prilikom u New Yorku navečer, ispred Carnegie Halla, u kojem sam upravo bio održao predavanje, zaskočio me čovjek i u mene uperio pištolj. Rekao je:

'Znaš li da te mogu ustrijeliti?'
'Zašto?', upitao sam blago. Moj um je bio u Bogu.
'Ti govoriš o demokraciji.'

Bilo je očito da je riječ o umno poremećenoj osobi. Nakratko smo ostali u tišini kad on reče:

'Oprostite mi. Vi ste me odriješili od zla.' Otrčao je niz ulicu koliko ga noge nose.

Oni koji su u suglasju s Bogom mogu promijeniti ljudska srca."

❖ ❖ ❖

„Izjaviti da je svijet samo san, bez stvarne spoznaje te istine putem meditacije može voditi u fanatizam.", rekao je Učitelj. „Mudar čovjek uviđa da iako je život smrtnika san, taj san ipak sadržava boli. Stoga on usvaja znanstvene metode za buđenje iz tog sna."

❖ ❖ ❖

Tijekom preuređenja kapelice u središnjici Self-Realization Fellowshipa jedan je učenik predložio da se u nišu svetišta postavi svjetiljka, znana kao „vječni plamen", koji će upaliti Paramahansaji.

Učitelj je rekao: „Želio bih osjetiti kako svjetlo predanosti Bogu koje sam upalio u vašim srcima vječno gori. Svako drugo svjetlo nije nužno potrebno."

❖ ❖ ❖

Tijekom 1951. Paramahansaji je često davao naznake da se njegovi zemaljski dani bliže kraju.

„Gospodine,", upitao je uznemireni učenik, „kada Vas više nećemo moći vidjeti očima, hoćete li i tada biti blizu nas kao što ste sada?"

Učitelj se nasmiješio i s puno ljubavi rekao:

„Onima koji me budu držali blizu, u mislima, i ja ću njima biti blizu."

O AUTORU

„Ideal ljubavi prema Bogu i služenja čovječanstvu našao je svoj puni izražaj u životu Paramahanse Yogonande… Iako je veći dio života proveo izvan Indije, on se s pravom svrstava među naše velike svece. Njegov rad nastavlja rasti i sjati sve jasnije privlačeći ljude odasvud na stazu hodočašća Duha."

Tim prigodnim riječima indijska vlada odala je počast utemeljitelju Self-Realization Fellowship/Yogoda Satsanga Society of India izdavanjem počasne poštanske marke Yoganandi u čast, u povodu dvadeset i pete godišnjice njegove smrti, 7. ožujka 1977.

Paramahansa Yogananda stigao je u Sjedinjene Države 1920. godine kao indijski izaslanik na Međunarodni kongres vjerskih liberala. Godine 1925. osnovao je središnjicu Self-Realization Felowshipa u Los Angelesu koja nudi pisane *Self-Realization Lekcije* studentima diljem svijeta. U tim *Lekcijama* objašnjena je znanost meditacije *Kriya joge* te umijeće duhovnoga življenja. Ova učenja posebnu pozornost pridaju uravnoteženu razvoju tijela, uma i duše, a cilj im je omogućiti čovjeku izravno i osobno iskustvo Boga.

„Paramahansa Yogananda nije donio na Zapad samo vječno obećanje spoznaje Boga već i praktičnu metodu s pomoću koje duhovni tragaoci iz svih slojeva društva, neovisno o zvanju, mogu brzo napredovati prema tom cilju", napisao je dr. Quincy Howe Mlađi, profesor starih jezika s fakulteta Scripps. „Indijska duhovna baština, koja je na Zapadu pobudila zanimanje najprije na uzvišenoj i apstraktnoj razini samo probranih krugova, sada je dostupna kao praktično iskustvo svima koji teže izravnoj spoznaji Boga i to ne samo na drugom svijetu već ovdje i sada... Yogananda je uzvišene metode kontemplacije učinio dostupnima svima."

Duhovni i humanitarni rad koji je počeo Paramahansa Yogananda nastavlja se danas pod vodstvom brata Chidanande, predsjednika Self-Realization Fellowship/Yogoda Satsanga Society of India. Život i učenje Sri Yogananda opisani su u njegovoj *Autobiografiji jednog jogija*.

Nagrađivani dokumentarni film, *Awake: The Life of Yogananda,* o životu i radu Paramahanse Yogananda objavljen je u listopadu 2014.

Paramahansa Yogananda: jogi u životu i smrti

Paramahansa Yogananda ušao je u *mahasamadhi* (jogijevo konačno svjesno napuštanje tijela) u Los Angelesu, Kalifornija, 7. ožujka 1952. nakon što je održao govor na prijmu u čast indijskoga veleposlanika u SAD-u H. E. Binaya R. Sena.

Taj veliki svjetski učitelj pokazao je vrijednost joge (znanstvene tehnike spoznaje Boga) ne samo u životu nego i nakon smrti. Naime, tjednima nakon što je umro njegovo nepromijenjeno lice sjalo je božanskim sjajem neprolaznosti.

Gospodin Harry T. Rowe, upravitelj mrtvačnice u Forrest Lawn Memorial Parku u Los Angelesu (u kojoj je tijelo velikog učitelja privremeno bilo smješteno), poslao je službeni dopis Self-Realization Fellowshipu u kojem među ostalim stoji:

„Odsutnost bilo kakvih vidljivih tragova raspadanja na mrtvom tijelu Paramahanse Yogananda predstavlja jedinstven slučaj u našoj praksi… Ni dvadeset dana nakon smrti na tijelu nije bilo moguće vidjeti tragove raspadanja… Na koži nije bilo vidljivih tragova plijesni kao ni pojave sušenja tjelesnih tkiva. Ovakva potpuna očuvanost tijela je, koliko nam je poznato iz arhiva mrtvačnice, nešto još nezabilježeno… Kada je stigao lijes s Yoganandinim tijelom, osoblje mrtvačnice očekivalo je kako će kroz stakleni pokrov vidjeti uobičajene znakove tjelesnoga raspadanja. Naše zaprepaštenje je raslo iz dana u dan jer nismo mogli vidjeti nikakve promjene na truplu. Yoganandino mrtvo tijelo bilo je u stanju nevjerojatne nepromjenljivosti...

Iz njegova tijela ni u jednom trenutku nije bilo moguće osjetiti zadah raspadanja... Yoganandino je tijelo 27. ožujka, kada je lijes zatvoren brončanim poklopcem, izgledalo posve jednako kao i 7. ožujka, one noći kada je umro. Na dan 27. ožujka nije bilo moguće reći da je njegovo tijelo doživjelo ikakve vidljive tragove raspadanja. Stoga ponovno ističemo: slučaj Paramahanse Yoganande jedinstven je u našoj praksi."

Dodatni izvori učenja Paramahanse Yoganande o tehnikama Kriya joge

Self-Realization Fellowship predan je besplatnom pomaganju svim duhovnim tragateljima širom svijeta. Informacije o našem godišnjem rasporedu javnih predavanja i tečajeva, meditacijskim službama i službama nadahnuća koje se održavaju u našim hramovima i centrima širom svijeta, popisu duhovnih boravišta na osami te o drugim djelatnostima, dostupne su putem naše internetske stranice, ili pismenim putem, na adresi ispod:

www.yogananda.org

Self-Realization Fellowship
3880 San Rafael Avenue • Los Angeles, CA 90065-3219
Phone +1(323) 225-2471 • Fax +1(323) 225-5088

Lekcije
Self-Realization Fellowshipa

*Osobno vodstvo i upute
Paramahanse Yoganande o tehnikama
joga meditacije i načelima duhovnog života*

Ako vas zanimaju duhovne istine opisane u *Biserima mudrosti Paramahanse Yoganande*, pozivamo vas da se pretplatite na Self-Realization Fellowship Lekcije koje su dostupne na engleskom, španjolskom i njemačkom jeziku.

Paramahansa Yogananda osmislio je taj skup lekcija za učenje kod kuće kako bi iskrenim tragaocima pružio mogućnost da nauče i vježbaju drevne tehnike joga meditacije koje se spominju u ovoj knjizi– uključujući i znanost *Kriya joge*. Unutar tih lekcija sadržane su i njegove praktične upute glede postizanja uravnotežena fizičkog, misaonog i duhovnog života.

Lekcije Self-Realization Fellowshipa moguće je nabaviti po cijeni koja pokriva troškove tiskanja i slanja poštom. Svim studentima na raspolaganju je besplatno osobno vodstvo redovnika i redovnica iz Self-Realization Fellowshipa u izvođenju tih tehnika.

Dodatne informacije (obavijesti)…

Pozivamo vas da posjetite internetske stranice **www.srflessons.org** na kojima možete zatražiti besplatni sažetak sadržaja Lekcija.

CILJEVI I IDEALI
Udruge
Self-Realization Fellowship

*Kako su ih iznijeli Paramahansa Yogananda,
utemeljitelj
Brat Chidananda, predsjednik*

Širiti među narodima znanje o točno definiranim znanstvenim tehnikama za postizanje izravnog, osobnog iskustva Boga.

Naučavati kako je svrha čovjekova života evolucija putem vlastita napora kako bi ograničena ljudska svijest napredovala do Božanske Svijesti. U skladu s tim, osnivati diljem svijeta Self-Realization Fellowship hramove za stupanje u dodir s Bogom te poticati uspostavljanje pojedinačnih Božjih hramova u domovima i srcima ljudi.

Otkriti potpun sklad i temeljno jedinstvo izvornog kršćanstva kako ga je naučavao Isus Krist i originalne joge kako ju je naučavao Bhagavan Krišna. Pokazati kako su ta načela istine zajednički znanstveni temelj svih istinskih religija.

Isticati jedan božanski put do kojeg u konačnici vode staze svih istinskih vjerskih uvjerenja, a to je put svakodnevne posvećene meditacije o Bogu.

Oslobađanje čovjeka od trostruke patnje: fizičke bolesti, misaonog nesklada i duhovnog neznanja.

Poticati „jednostavno življenje i uzvišeno razmišljanje". Širiti duh bratstva među svim ljudima učenjem o vječnom temelju njihova jedinstva – srodstvu s Bogom.

Pokazati nadmoć uma nad tijelom i duše nad umom.

Pobijediti zlo dobrim, tugu radošću, grubost nježnošću, neznanje mudrošću.

Ujediniti znanost i religiju shvaćanjem jedinstva njihovih zajedničkih temeljnih načela.

Zagovarati kulturno i duhovno razumijevanje Istoka i Zapada te razmjenu njihovih najistaknutijih obilježja.

Služiti čovječanstvu kao vlastitom Višem Jastvu.

KNJIGE NA HRVATSKOM U IZDANJU SELF-REALIZATION FELLOWSHIPA

Autobiografija jednog jogija

Afirmacije za znanstveno izlječenje

Metafizičke meditacije

Znanost o religiji

Zakon uspjeha

Kako razgovarati s Bogom

Riječi mudrosti Paramahanse Yoganande

Živjeti bez straha

U svetištu duše

Duhovni dnevnik

Samo ljubav

*Dostupne preko www.srfbooks.org
ili preko: www.amazon.com*

KNJIGE NA ENGLESKOM PARAMAHANSE YOGANANDE

Dostupne u knjižarama ili izravno od izdavača:

Self-Realization Fellowship
3880 San Rafael Avenue • Los Angeles, California 90065-3219
Tel +1(323) 225-2471 • Fax +1(323) 225-5088

www.yogananda.org

Autobiography of a Yogi

**God Talks with Arjuna:
The Bhagavad Gita**
A New Translation and Commentary

The Second Coming of Christ:
The Resurrection of the Christ Within You
A Revelatory Commentary on the Original Teachings of Jesus

The Yoga of the Bhagavad Gita

The Yoga of Jesus

The Collected Talks and Essays
Volume I: **Man's Eternal Quest**
Volume II: **The Divine Romance**
Volume III: **Journey to Self-realization**

Wine of the Mystic:
The Rubaiyat of Omar Khayyam —
A Spiritual Interpretation

Songs of the Soul

Whispers from Eternity

Scientific Healing Affirmations

In the Sanctuary of the Soul:
A Guide to Effective Prayer

The Science of Religion

Metaphysical Meditations

Where There Is Light:
Insight and Inspiration for Meeting Life's Challenges

Sayings of Paramahansa Yogananda

Inner Peace:
How to Be Calmly Active and Actively Calm

Living Fearlessly:
Bringing Out Your Inner Soul Strength

The Law of Success

How You Can Talk With God

Why God Permits Evil and How to Rise Above It

To Be Victorious in Life

Cosmic Chants

ZVUČNI ZAPISI PARAMAHANSE YOGANANDE

Beholding the One in All

The Great Light of God

Songs of My Heart

To Make Heaven on Earth

Removing All Sorrow and Suffering

Follow the Path of Christ, Krishna, and the Masters

Awake in the Cosmic Dream

Be a Smile Millionaire

One Life Versus Reincarnation

In the Glory of the Spirit

Self-Realization: The Inner and the Outer Path

OSTALA IZDANJA SELF-REALIZATION FELLOWSHIPA

The Holy Science
Swami Sri Yukteswar

Only Love:
Living the Spiritual Life in a Changing World
Sri Daya Mata

Finding the Joy Within You:
Personal Counsel for God-Centered Living
Sri Daya Mata

Intuition:
Soul Guidance for Life's Decisions
Sri Daya Mata

God Alone:
The Life and Letters of a Saint
Sri Gyanamata

"Mejda":
The Family and the Early Life of Paramahansa Yogananda
Sananda Lal Ghosh

Self-Realization
(Časopis koji je osnovao Paramahansa Yogananda 1925. godine)

DVD (dokumentarni)

AWAKE
The Life of Yogananda.
Flm u produkciji CounterPoint Films.

Iscrpni katalog knjiga i audio/video zapisa – uključujući rijetke arhivske snimke Paramahanse Yogananande- dostupan je na Internetskim stranicama

www.srfbooks.org.

RJEČNIK POJMOVA

astralni svjetovi - Prekrasna područja sastavljena od svjetla i radosti u koja nakon smrti odlaze osobe koje su stekle određeni stupanj duhovne spoznaje kako bi nastavile razvoj. Iznad njih je još uzvišeniji kauzalni svijet ideja. Ovi svjetovi opisani su u 43. poglavlju *Autobiografije jednog jogija*.

Aum ili Om - Temelj svih zvukova; univerzalna riječ-simbol koja predstavlja Boga. *Aum* iz Veda (vidi u tekstu) postao je sveta riječ *Hum* kod Tibetanaca; *Amin* kod muslimana, odnosno *Amen* kod Egipćana, Grka, Rimljana, židova i kršćana. *Amen* na hebrejskom znači siguran, vjeran. *Aum* je sveprožimajući zvuk koji proizlazi iz Duha Svetog (nevidljive kozmičke Vibracije; Boga u Njegovu očitovanju kao Stvoritelja); to je "Riječ" iz Biblije; zvuk stvaranja koji svjedoči božansku Prisutnost u svakom atomu. *Aum* se može čuti izvođenjem tehnika meditacije Self-Realization Fellowshipa.

"Ovo govori Amen, 'Vjerni' i Istiniti 'Svjedok', 'Početak' Božjega 'stvorenja'." – Otk 3:14. " U početku bijaše Riječ, i Riječ bijaše kod Boga – i Riječ Bijaše Bog. Sve je po njoj (Riječ ili *Aum*) postalo; i ništa što je postalo nije bez nje postalo." – Iv 1:1-3.

Babaji - Guru Lahiriju Mahasayi (koji je bio guru Svamiju Sri Yukteswaru, koji je bio guru Paramahansi Yoganandi). Babaji je besmrtni avatar koji u tajnosti živi u Himalaji. Njegova je titula *Mahavatar,* što znači "veliko božansko utjelovljenje". Ponešto o njegovu kristolikom životu može se doznati iz *Autobiografije jednog jogija* Paramahanse Yoganande.

Bhagavad-Gita (*Pjesma o Božanskom*) - Biblija hinduizma; sadrži svete iskaze Gospoda Krišne, što ih je prije više tisućljeća zapisao mudrac Vyasa. Vidi: *Krišna*.

božanska Majka – „U spisima hinduizma božanska Majka predstavlja onaj oblik nestvorenog Beskonačnog koji je djelatan u stvaranju", napisao je Paramahansaji. „Za ovaj osobni oblik Apsoluta može se reći da „čezne"

148

za ispravnim ponašanjem Svoje djece i da uslišava njihove molitve. Oni koji su mišljenja da neosobno ne može biti očitovano u osobnom obliku zapravo Njemu uskraćuju svemoć, a čovjeku mogućnost da stupi u dodir sa svojim Stvoriteljem. Gospod u obličju kozmičke Majke pojavljuje se u živom dodiru pred istinskim *bhaktama* (poklonicima osobnoga Boga)."

„Gospod se Svojim svecima ukazuje u obličju koje je svakom od njih najdraže. Predani kršćanin vidi Isusa; hinduistu se ukazuje Krišna, božica Kali ili pak vidi sveprožimajuće Svjetlo ako njegovo štovanje poprima neosobni oblik."

dah - „Dah povezuje čovjeka sa stvaranjem", napisao je Yoganandaji. „Putem daha u čovjeka ulaze nebrojene struje kozmičkih silnica koje pobuđuju nemir u njegovu umu. Da bi izbjegao tom neprestanom udaru iz pojavnih svjetova i ušao u beskonačnost Duha, jogi uči kako smiriti disanje putem znanstvene meditacije."

Duh Sveti - Vidi: *Aum*.

duhovno oko - „Jedinstveno oko mudrosti", predstavlja zvjezdana vrata *prane* kroz koja čovjek mora proći kako bi postigao stanje kozmičke svijesti. Članovi Self-Realization Fellowshipa uče metodu prolaska kroz ta sveta vrata.

„Ja sam vrata. Tko uđe kroza me, spasit će se; on će ulaziti i izlaziti i pašu nalaziti." - Iv 10:9. „Tvoje je oko svjetiljka tvome tijelu. Kad ti je oko zdravo, cijelo je tvoje tijelo u svjetlu. Ali, ako ti je oko bolesno, tvoje je tijelo u tami. Zato pazi da svjetlo u tebi nije tama!" - Lk 11:34-35.

ego - Ego (na sanskrtu *ahamkara*, što doslovno znači „ja činim") predstavlja načelo koje je temeljni uzrok dvojnosti ili prividne odvojenosti između čovjeka i njegova Stvoritelja. *Ahamkara* čini ljude podložnima utjecaju *maye* (vidi u tekstu) zbog koje se subjekt (ego) lažno javlja kao objekt; stvorenja si umišljaju da su ona stvaratelji.

Rješavajući se svoje poistovjećenosti s egom, u čovjeku se budi spoznaja njegova božanskog podrijetla, njegova jedinstva s jedinom stvarnošću – Bogom.

Guru - Duhovni učitelj koji učenika upoznaje s Bogom. Pojam „guru" nije istoznačnica s pojmom „učitelj" jer osoba može imati više učitelja, ali samo jednog gurua.

intuicija - „šesto osjetilo"; znanje koje nam dolazi izravno i spontano iz same duše, a ne putem ograničenih domašaja osjetila i razuma.

ji – nastavak koji se dodaje imenima u Indiji u znak poštovanja prema određenoj osobi. Tako se Paramahansu Yoganandu u ovoj knjizi zna oslovljavati s Paramahansaji ili Yoganandaji.

joga - Doslovno „sprega" čovjeka i njegova Stvoritelja koja se postiže znanstvenim tehnikama samoostvarenja. Tri glavna smjera su: *jnanayoga* (put mudrosti), *bhaktiyoga* (put predanosti) i *rajayoga* (put znanstveno utemeljene meditacije kao „kraljevske" joge; ovdje pripada i *kriyayoga*). Najstariji poznati tekst o toj svetoj znanosti jesu Patanjalijeve *Yoga sutre*. Nije poznato kada je točno živio Patanjali. Neki izvori smještaju ga u 2. stoljeće prije Krista.

jogi - Onaj koji vježba jogu. To ne mora nužno biti odricatelj koji se povukao iz svijeta. Jogi je svatko koji se ponajprije posvećuje svakodnevnoj redovitoj praksi znanstvenih tehnika spoznaje Boga.

Kali - Božica iz hinduističke mitologije prikazana kao žena s četiri ruke. Jedna ruka simbolizira stvaralačke snage prirode; druga predstavlja zaštitničku ulogu u svemiru; treća je znak pročišćavajućih sila razgradnje. Četvrta ruka ispružena je u znak blagoslova i spasenja. Na taj način Ona doziva sva stvorena bića da se vrate k božanskomu Izvoru. Božica Kali simbol je ili očitovanje božanske Majke (vidi u tekstu).

karma - Uravnotežujući zakon karme, kako ga navode hinduistički spisi, predstavlja zakon akcije i reakcije, uzroka i posljedice, žetve u skladu sa sjetvom. U skladu s prirodnom ispravnosti svaki čovjek putem svojih misli i djela postaje kovač vlastite sreće. Koju god vrstu energije čovjek pokrene pametno ili nepromišljeno, one se moraju vratiti k njemu kao ishodišnoj točki, poput kruga koji se vraća bez iznimke u početnu točku. „Svijet se doima poput matematičke jednadžbe koja se, kako god okreneš, sama uravnotežuje. Svaka se tajna otkrije, svaki zločin kažnjava, svaka vrlina nagrađuje, a svaka nepravda ispravlja, u tišini i sa sigurnosti." (Emerson, „Kompenzacije"). Razumijevanje karme kao pravednoga zakona pomaže ljudskom umu da se oslobodi mišljenja kako su Bog ili drugi ljudi krivi za njegov jad. Vidi: *reinkarnacija*.

kozmička iluzija - Vidi: *maya*.

kozmička svijest - Stanje svijesti u kojemu spoznajemo da Duh nadilazi konačnu i ograničenu sferu stvorenoga svijeta.

Kristova svijest - Stanje svijesti u kojemu spoznajemo da je Duh sveprisutan u svakom atomu pojavnoga stvaranja.

Krišna - Avatar koji je živio 3000 godina prije Krista i čije božanske savjete iz Bhagavad Gite (vidi u tekstu) duboko štuju mnogobrojni duhovni tragaoci za Bogom. U mladosti je živio kao pastir koji je očaravao prijatelje glazbom Svoje frule. U prenesenom značenju Gospod Krišna predstavlja dušu koja svira na fruli meditacije kako bi vratila sve zalutale misli natrag u obor savršene spoznaje.

Kriya **joga** - Drevna znanost nastala u Indiji u svrhu pomoći onima koji traže Boga. Ovu tehniku spominju i hvale Krišna u *Bhagavad Giti* te Patanjali u *Yoga Sutrama*. Ovo znanstveno utemeljeno učenje o načinu postizanja istinske slobode vodi onoga koji ga prakticira do stanja kozmičke svijesti. Tu duhovnu tehniku mogu dobiti članovi SRF-a.

Lahiri Mahasaya (1828. – 1895.) - Guru Sri Yukteswara (vidi u tekstu) i učenik Babajijev (vidi u tekstu). Lahiri Mahasaya ponovno je oživio drevnu i gotovo zaboravljenu znanost joge te je bio onaj koji je samoj tehnici dao naziv *kriyayoga*. On je s jedne strane bio kristoliki duhovni učitelj čudesnih moći, a s druge strane živio je mirnim životom obiteljskoga čovjeka koji je ispunjavao svoje poslovne obveze. Njegovo je poslanje bilo približiti jogu modernom čovjeku putem uspostave ravnoteže između meditacije i ispravnog obavljanja svjetovnih dužnosti. Lahiri Mahasaya je bio *Yogavatar* ili „utjelovljenje joge".

maya - kozmička iluzija; doslovno „mjeritelj". *Maya* je čarobna moć prisutna u stvaranju preko koje se Nemjerljivo i Neodvojivo čine ograničenim i mnogostrukim.

Sri Yogananda je o tome u *Autobiografiji jednog jogija* napisao:

„Treba imati na umu da nisu samo *rišiji* (indijski mudraci) shvaćali pojam *maye*. Proroci Starog zavjeta rabili su za *mayu* ime *sotona* (dosl. na hebrejskom „neprijatelj, suparnik"). Novi zavjet, koji je pisan na grčkom, kao ekvivalent riječi *sotona* koristi riječ *diabolos* ili vrag, đavo. Sotona ili *maya* je svemirski čarobnjak koji stvara mnoštvo oblika kako bi sakrio jednu neoblikovanu Istinu. Prema božjem Scenariju, u Njegovoj predstavi (*lila*) jedina uloga *sotone* ili *maye* jest da pokušava odvratiti čovjeka od Duha prema materiji, od Stvarnosti prema nestvarnom.

Krist slikovito opisuje *mayu* kao vraga, ubojicu i lašca: 'Vi imate đavla za oca... On bijaše ubojica ljudi od početka i nije stajao čvrsto u istini, jer u njemu nema istine. Kad god govori laž, govori svoje vlastito jer je lažac i otac laži.' (Iv 8:44)."

Mount Washington - Međunarodna središnjica organizacije *Self-Realization Fellowship/Yogoda Satsanga Society of India* koju je u Los Angelesu 1925. osnovao Paramahansa Yogananda. Prostire se na površini od osamnaest i pol jutara i smještena je na vrhu brda s kojeg se pruža pogled na samo središte grada. U glavnoj upravnoj zgradi (vidi fotografiju na strani 94) nalaze se i odaje koje su pripadale Gurudevi Paramahansi Yoganandi i koje su danas uređene kao hram. Na Mt. Washingtonu je i Mother Center iz kojeg Self-Realization Fellowship distribuira Paramahansajijeva učenja u obliku pisanih lekcija koje se šalju članovima te objavljuje knjige njegovih tekstova i govora kao i časopis *Self-Realization*.

nirbikalpa Samadhi - Najviši oblik samadhija ili spoznaje jedinstva s Bogom. Ovo je trajno stanje za razliku od prvog ili prethodnog stanja *sabikalpa samadhija* (transa u kojemu tijelo ostaje nepomično).

Paramahansa - Vjerski naslov koji označava onoga koji je ovladao sobom. Ovaj naslov učenik može dobiti od svojega gurua. Doslovno, Paramahansa znači „vrhunski labud". Labud je u hinduizmu simbol duhovnog uvida.

reinkarnacija - Hinduističko učenje prema kojemu se čovjek iznova rađa na ovoj Zemlji. Krug ponovnih utjelovljenja prekida se u trenutku kada čovjek svjesno ponovno postiže spoznaju da je on Božji sin. „Pobjednika ću učiniti stupom u hramu moga Boga odakle sigurno više neće izići." - Otk 3:12. Razumijevanje zakona karme i iz njega izvedene reinkarnacije može se iščitati iz mnogih biblijskih odlomaka.

Rana kršćanska crkva prihvaćala je učenje o reinkarnaciji koje su zastupali gnostici kao i mnogi crkveni oci poput Klementa Aleksandrijskog, slavnoga Origena te Sv. Jeronima iz 5. stoljeća. Ovo je učenje prvi put proglašeno herezom 533. godine na Drugom koncilu u Konstantinopolu. U to je vrijeme među kršćanskom većinom prevladavalo stajalište kako prihvaćanje reinkarnacije u ljudi izaziva opuštenost i izbjegavanje ulaganja truda za spasenjem već za ovoga života. Danas pak mnogi mislioci na Zapadu prihvaćaju ideju karme i reinkarnacije jer u njima vide zakone pravednosti koji mogu objasniti inače nepojmljive nejednakosti koje se događaju u ljudskim životima. Vidi: *karma*.

sadhu - Onaj koji slijedi *sadhanu* ili put duhovnog života; asket.

samadhi - nadsvjesno stanje. *Samadhi* je najviše stanje koje se postiže na osmerostrukom putu joge. Znanstvena meditacija temeljena na ispravnoj primjeni jogijskih tehnika razvijenih u drevnoj Indiji vodi poklonika do stanja *samadhija* ili spoznaje Boga. Poput vala koji se vraća moru i ljudska duša spoznaje svoje jedinstvo sa sveprisutnim Duhom.

Sat-Tat-Aum - Otac, Sin i Duh Sveti. Očitovanja transcendentnog Boga koji je *nirguna*, „neopisiv": Kozmička svijest u blaženom području izvan pojavnih svjetova; Bog kao Kristova svijest utkana u cjelokupno stvaranje; Bog kao *Aum* (vidi u tekstu) ili božanska stvaralačka Vibracija.

Self-Realization Fellowship (SRF) – Udruga koju je u Americi 1920. osnovao Paramahansa Yogananda (nakon što je prethodno 1917. u Indiji osnovao sestrinsku udrugu Yogoda Satsanga Society of India). To je učinio s namjerom širenja svog učenja o duhovnim načelima i tehnikama meditacije poznatim kao Kriya joga (vidi u tekstu), u svrhu pomoći i dobrobiti cjelokupnom čovječanstvu. Međunarodna središnjica udruge, Mother Center, nalazi se u Los Angelesu u Kaliforniji, SAD. Paramahansa Yoganandada objasnio je kako naziv *Self-Realization Fellowship* označava: „udrugu, tj. povezanost s Bogom putem samoostvarenja, u prijateljstvu sa svim dušama koje su u potrazi za istinom." Vidjeti također pod „Ciljevi i ideali udruge Self-Realization Fellowship" na strani 140.

SRF lekcije - Zbirka učenja Paramahanse Yogananade koju pretplatom dobivaju studenti i članovi Self-Realization Fellowshipa.

Self-Realization red - Red Self-Realization Fellowshipa redovnička je zajednica koju je osnovao Paramahansa Yogananda. Redovnici i redovnice tog Reda zavjetuju se na jednostavnost (nevezanost za materijalno vlasništvo), celibat, poslušnost (voljno pridržavanje pravila koja je postavio Paramahansa Yogananda) i vjernost (predanom služenju Self-Realization Fellowshipu, društvu koje je osnovao Paramahansa Yogananda). Paramahansajij je bio član Giri ogranka drevnog hinduističkog redovničkog reda, čiji je osnivač bio Svami Shankaracharya. Oni redovnici i redovnice Self-Realization reda koji prime najviše zavjete postaju tako i pripadnici toga drevnog Šankarinog reda (vidi: *Svami*).

Sri Yukteswar (1855. – 1936.) - Veliki guru Paramahanse Yogananade. On je svojega duhovnog učitelja nazvao *Jnanavatar* ili „utjelovljenje mudrosti".

svami - Pripadnik najstarijega indijskog redovničkog reda, što ga je u 8. stoljeću reorganizirao Svami Shankaracharya. Svami se zavjetuje na celibat i odricanje od svjetovnih ambicija; posvećuje se meditaciji i služenju čovječanstvu. Postoji deset ogranaka Reda Svamija: *Giri, Puri, Bharati, Tirtha, Saraswati* i drugi. Svami Sri Yukteswar (vidi u tekstu) i Paramahansa Yogananda pripadali su (planinskom) ogranku *Giri*.

Vede - Četiri religijska spisa hinduizma: *Rg Veda, Sama Veda, Yajur Veda* i *Atharva Veda*. Sastoje se pretežito od stihova i obrednih pjesama. Od mnoštva tekstova nastalih u Indiji Vede su posebne po tome što se ne pripisuju nekom određenom autoru. U *Rg Vedi* se navodi kako su to himne nebeskoga podrijetla te da su ljudima objavljene u „pradavna vremena" odjenute u nov jezik. U svakom dobu ih božanskom objavom prenose *rišiji*, „mudraci". Za Vede se kaže da posjeduju *nityatvu* ili „bezvremensku konačnost".

Yogananda - Redovničko ime koje je spoj dviju riječi; označava „blaženstvo (*ananda*) koje se postiže božanskim sjedinjenjem (*yoga*)".